Herausgeber: Dr. Frank Bräutigam

MIT ODER OHNE TRAUSCHEIN?

Rechtliche Folgen für Paare in allen Lebenslagen

SWR » Ⓝ verbraucherzentrale

Eine Produktion des Südwestrundfunks in Zusammenarbeit
mit den Verbraucherzentralen

Sollen wir mit oder ohne Trauschein zusammenleben? Diese Frage stellen
sich heterosexuelle Paare ebenso wie homosexuelle, wenn sich beide Partner sicher sind, auf Dauer füreinander da sein zu wollen. In Zeiten enger
Verbundenheit ist die Antwort in erster Linie eine Gefühlsentscheidung.
Sie hat aber auch erhebliche rechtliche und finanzielle Folgen. Richtig
bewusst wird dies vielen Paaren allerdings erst dann, wenn die Beziehung doch irgendwann zerbricht oder ein Partner stirbt. Im Trennungsfall
tauchen dann plötzlich Fragen wie die folgenden auf: Muss einer dem
anderen Unterhalt zahlen? Wie ist gemeinsam erwirtschaftetes Vermögen
auszugleichen? Wer darf Wohnung und Hausrat weiter nutzen? Und wer
muss die Raten für ein gemeinsam aufgenommenes Darlehen zurückzahlen? Stirbt ein Partner, stellt sich die Frage, ob der andere ihn auch ohne
entsprechendes Testament beerbt.

Doch auch während der bestehenden Beziehung hat die Entscheidung
für oder gegen den Trauschein Konsequenzen. Vor allem hat sie Einfluss
darauf, ob und inwiefern die Partner finanziell füreinander aufkommen
müssen, wer das Sorgerecht für gemeinsame Kinder erhält und inwiefern
die Adoption eines Kindes möglich ist.

Der vorliegende Ratgeber greift sämtliche rechtlichen Problembereiche
auf, mit denen Sie während Ihrer Partnerschaft konfrontiert sein können,
und vermittelt anhand vieler Fallbeispiele, inwiefern die Partnerschaftsform einen Einfluss auf die Lösung der Probleme hat.

Die Entscheidung für oder gegen den Trauschein kann Ihnen das Buch
nicht abnehmen, Sie erhalten aber einen Einblick in die Konsequenzen Ihrer Entscheidung und wissen, inwiefern Sie in rechtlicher und finanzieller
Hinsicht vorsorgen sollten, um bei einschneidenden Ereignissen in Ihrem
Leben als Paar und als Familie keine bösen Überraschungen zu erleben.

Martin Wahlers ist Fachanwalt für Erbrecht, Familienrecht und Versiche-
rungsrecht.

Martin Wahlers

MIT ODER OHNE TRAUSCHEIN?

Rechtliche Folgen für Paare in allen
Lebenslagen

Vorsicht, Risiko!

 Tipp, Ratschlag

 Wichtig

 Beispiel

 Rechtslage

Bibliografische Information der Deutschen Bibliothek
Die Deutsche Bibliothek verzeichnet diese Publikation in der
Deutschen Nationalbibliografie; detaillierte bibliografische Daten sind
im Internet über http://dnb.ddb.de abrufbar.

1. Auflage 2015, 6.000 Exemplare
© Verbraucherzentrale NRW, Düsseldorf, www.vz-nrw.de
Alle Rechte, insbesondere das Recht der Vervielfältigung und Verbreitung,
vorbehalten. Kein Teil des Werks darf in irgendeiner Form (durch Foto-
kopie, Mikrofilm oder ein anderes Verfahren) ohne schriftliche Geneh-
migung des Rechteinhabers reproduziert oder unter Verwendung elektro-
nischer Systeme verarbeitet, vervielfältigt oder verbreitet werden.
Printed in Germany.
ISBN 978-3-86336-623-0

VORWORT

Wenn ein Mann und eine Frau auf Dauer als Paar zusammenleben wollen, machen sie sich zwangsläufig darüber Gedanken,
ob sie heiraten oder ohne Trauschein das Leben miteinander
teilen möchten. Auch gleichgeschlechtliche Paare haben diese Wahl, mit dem Unterschied, dass der Trauschein bei ihnen
die Verpartnerung in Gestalt der eingetragenen Lebenspartnerschaft ist.

2012 stellten Ehepaare laut Statistischem Jahrbuch 2014
ca. 43,5 % der Privathaushalte, lediglich etwas über 10 % der
Paare lebten unverheiratet zusammen. Da nichteheliche Lebensgemeinschaften statistisch schwer zu erfassen sind, ist
allerdings anzunehmen, dass der Anteil tatsächlich deutlich
höher liegt. Eingetragene Lebenspartnerschaften und andere
gleichgeschlechtliche Lebensgemeinschaften fallen in der Sta-
tistik kaum ins Gewicht.

Die Zahl der Eheschließungen nimmt nach wie vor leicht ab,
während die Zahl der statistisch erfassten nichtehelichen Lebensgemeinschaften in den letzten Jahren nahezu konstant
geblieben ist. Gerade junge Leute entscheiden sich zunächst
für ein Zusammenleben ohne Trauschein; das statistische Hei-
ratsalter erreichte 2012 mit 37,7 Jahren bei den Männern und
34,6 Jahren bei den Frauen einen Höchststand.

Welche Art Partnerschaft Sie führen möchten, ist zuallererst eine
Gefühlsentscheidung. Sie sollten sich aber darüber im Klaren
sein, dass Ihre Entscheidung auch rechtliche Folgen hat. Wer
heiratet oder eine eingetragene Lebenspartnerschaft eingeht,
erlangt zahlreiche Rechte und Pflichten, deren Umfang und Bedeutung vielen allerdings erst dann bewusst wird, wenn es zur
Trennung und Scheidung bzw. Entpartnerung kommt. Deutlich
weniger rechtliche Verpflichtungen gehen Sie ein, wenn Sie
sich gegen die Eheschließung oder Verpartnerung entscheiden;

dafür sind Sie aber auch schlechter abgesichert als Ehegatten, wenn es zur Trennung kommt oder Ihr Partner stirbt.

Nachfolgend erhalten Sie einen Überblick über die zivilrechtlichen, unterhaltsrechtlichen, erbrechtlichen und abstammungsrechtlichen Folgen einer Eheschließung und -scheidung. Nach einer kurzen Einleitung erfahren Sie in Kapitel 2, wie Sie eine Partnerschaft eingehen, welche rechtlichen Folgen dies für Ihr Zusammenleben hat und wie die Partnerschaft gegebenenfalls wieder endet. Welche teils erheblichen Auswirkungen die Wahl Ihrer Lebensgemeinschaft auf Fragen der Abstammung, das Sorge- und Umgangsrecht und für die Möglichkeit hat, ein Kind zu adoptieren, wird in Kapitel 3 ausgeführt. In den Folgekapiteln lesen Sie sodann, wie sich die Art der Lebensgemeinschaft auf die Finanzierung des Lebensunterhalts der Partner auswirkt (Kapitel 4), wie Wohnung und Hausrat im Trennungsfall aufgeteilt werden (Kapitel 5) und welche unterschiedlichen Folgen die Wahl der Partnerschaftsform für die Auseinandersetzung des Vermögens im Trennungs- oder Scheidungsfall und im Fall des Todes eines Partners hat (Kapitel 6 und 7).

Das vorliegende Buch kann Ihnen keine einfache Antwort auf die Frage geben, ob es besser für Sie ist, mit oder ohne Trauschein zusammenzuleben. Es kann und soll Ihnen aber in verständlicher Weise vermitteln, mit welchen rechtlichen Problembereichen Sie im Laufe Ihrer Partnerschaft konfrontiert werden können. Mit den gewonnenen Erkenntnissen sollten Sie insbesondere verhindern können, dass Sie im Trennungsfall bei der Aufteilung des Vermögens, der Sicherung des weiteren Lebensunterhalts und der Teilhabe am wirtschaftlichen Erfolg der Partnerschaft schlechter dastehen als gedacht oder im schlimmsten Fall gar nicht abgesichert sind.

Bickenbach, im Januar 2015

Martin Wahlers

INHALT

04   FINANZIERUNG DES LEBENSUNTERHALTS

05   WOHNUNG UND HAUSRAT BEI TRENNUNG

EINFÜHRUNG

Wer mit seinem Partner oder seiner Partnerin auf Dauer das Leben teilen möchte, ist heute keinem erheblichen gesellschaftlichen Druck mehr ausgesetzt, irgendwann auch heiraten zu müssen. Das Zusammenleben ohne Trauschein ist vielmehr weitgehend akzeptiert und viele Paare entscheiden sich bewusst für dieses Modell. Das gilt unabhängig von der sexuellen Orientierung: Auch gleichgeschlechtliche Paare können in „wilder Ehe" zusammenleben. Sie haben seit 2001 aber auch die Möglichkeit, sich für eine eingetragene Lebenspartnerschaft nach dem Lebenspartnerschaftsgesetz (LPartG) zu entscheiden.

GRUNDFÄLLE

Zwei Beispiel-Lebensgemeinschaften werden Ihnen in diesem Buch immer wieder begegnen:

Helena und Alexander: Sie ist derzeit Studentin, er steht bereits im Berufsleben. Sie sind noch nicht lange zusammen, machen aber bereits Zukunftspläne. Eines Tages wollen sie ein Haus bauen, heiraten, Kinder haben.

Anna und Irini: Sie sind schon einige Jahre zusammen. Irini hat aus einer früheren Beziehung eine Tochter: Nathalie. Im Jahr 2012 haben sich Anna und Irini beim Standesamt ihres Wohnorts verpartnern lassen.

Beide Paare haben während ihrer Partnerschaft immer wieder persönliche und auch juristisch bedeutsame Entscheidungen getroffen und werden das auch in Zukunft tun. Einige besonders wichtige Fragen im Zusammenhang mit diesen Entscheidungen werden nachfolgend erörtert. Dabei erfahren Sie auch, ob und inwieweit die einzelnen Fragen je nach Form der Partnerschaft unterschiedlich beurteilt werden. Manche Probleme lassen sich vertraglich lösen, andere schafft man aus der Welt, indem man seine Finanzen und die private Altersvorsorge schon während der bestehenden Partnerschaft gerecht verteilt. Es gibt aber auch Probleme, die sich in dem Sinne nicht lösen lassen, weil sie schlicht eine Folge der Lebensentscheidung für oder gegen eine Heirats- oder Verpartnerungsurkunde sind.

ZUSAMMENLEBEN MIT UND OHNE TRAUSCHEIN

Rechtlich bindende Partnerschaften

Es gibt zwei Arten rechtlich bindender Partnerschaften: die Ehe, die dauerhafte Verbindung zwischen einem Mann und einer Frau, und die eingetragene Lebenspartnerschaft nach dem Lebenspartnerschaftsgesetz (LPartG), die dauerhafte Verbindung zwischen Personen desselben Geschlechts. Beide Verbindungen gehen Sie beim zuständigen Standesamt ein. Nur ein Familiengericht kann sie wieder lösen, eine einfache Scheidung oder Entpartnerung beim Notar oder beim Standesamt gibt es nicht.

01

Die Regeln, die in rechtlich bindenden Partnerschaften während des Zusammenlebens, aber auch nach einer Trennung oder Scheidung bzw. Entpartnerung gelten, hat der Gesetzgeber detailliert festgelegt. Trotzdem dürfen sich Ehegatten und Lebenspartner nicht der Illusion hingeben, dass das Gesetz sie lückenlos vor ungerechten Entwicklungen schützt.

In vielen Staaten hat sich mittlerweile die Erkenntnis durchgesetzt, dass nicht nur die dauerhafte Verbindung zwischen einem Mann und einer Frau staatlich schützenswert ist, sondern auch die dauerhafte Verbindung zwischen Personen desselben Geschlechts. Eine Ehe im Rechtssinne dürfen homosexuelle Paare in den meisten Staaten allerdings nicht schließen. Häufiger haben sich die Gesetzgeber für andere Modelle rechtlich legitimierter dauerhafter Verbindungen entschieden, die der Ehe zwar nachgebildet sind, den Partnern aber nicht alle Rechte bieten, die Eheleuten zustehen. Deutschland führte am 16.02.2001 mit dem „Gesetz zur Beendigung der Diskriminierung gleichgeschlechtlicher Gemeinschaften: Lebenspartnerschaften" (LPartG) die eingetragene Lebenspartnerschaft ein.

Die eingetragene
Lebenspartnerschaft

Rein zahlenmäßig ist die Bedeutung der eingetragenen Lebenspartnerschaft nicht sehr groß. Laut Statistischem Bundesamt belief sich die Zahl gleichgeschlechtlicher Paare im Jahr 2012 auf 73.000, lediglich knapp über 32.000 davon waren eingetragene Lebenspartnerschaften. Dem stehen ca. 18 Millionen Ehepaare gegenüber. In politischer Hinsicht ist die Bedeutung der eingetragenen Lebenspartnerschaft aber enorm, weil sie für unsere Gesellschaft immer wieder sehr wichtige Fragen aufwirft, die von Politikern und in der Bevölkerung auch heute noch teils sehr emotional diskutiert werden und sich wie folgt herunterbrechen lassen: Empfinden wir als Gesellschaft die Beziehung zwischen zwei gleichgeschlechtlichen Partnern oder Partnerinnen als genauso wertvoll wie die Beziehung zwischen einem Mann und einer Frau?

Die Frage wurde vom Gesetzgeber zunächst verneint. So war zwischen Lebenspartnern zunächst kein Versorgungsausgleich vorgesehen. Sie hatten kein Adoptionsrecht, mit der Ausgleichsgemeinschaft einen besonderen Güterstand, hatten im Steuerrecht nicht dieselben Privilegien wie Eheleute, es gab keine gleichwertige Hinterbliebenenvorsorge und das Unterhaltsrecht war anders gestaltet als bei Eheleuten.

Mittlerweile gilt das eheliche Güterrecht in gleicher Weise für Lebenspartner, die gesetzliche Altersvorsorge inklusive des Versorgungsausgleichs kommt auch ihnen zugute und auch sie können jetzt Kinder adoptieren. Auf einige bedeutsame Unterschiede im Adoptionsrecht werde ich in Kapitel 3 näher eingehen. Schließlich hat das Bundesverfassungsgericht im Jahr 2013 entschieden, dass auch eingetragene Lebenspartner vom Ehegattensplitting im Steuerrecht profitieren sollen.

Im Interesse der besseren Lesbarkeit des Textes habe ich darauf verzichtet, in jedem einzelnen Fall zusätzlich zur Ehe noch die eingetragene Lebenspartnerschaft zu erwähnen. Soweit ich nicht ausdrücklich darauf hinweise, können Sie davon ausgehen, dass alles, was zur Ehe ausgeführt wird, genauso für Lebenspartner nach dem LPartG gilt und umgekehrt.

Nichteheliche Lebensgemeinschaften

Heterosexuelle und homosexuelle Paare, die in einfacher Lebensgemeinschaft ohne Trauschein zusammenleben, sind zwar emotional, nicht aber rechtlich miteinander verbunden. Gesetz und Rechtsprechung gehen davon aus, dass sie sich jederzeit ohne größere rechtliche Folgen voneinander trennen können wollen. Es gibt daher nur sehr wenige familienrechtliche Vorschriften, die nichteheliche Lebensgemeinschaften betreffen.

01

Zugleich ist es so, dass auch nichtehelich zusammenlebende Paare, jedenfalls sofern sie ihr Leben wirklich miteinander teilen, gemeinsam haushalten und rechtlich und finanziell bedeutsame Entscheidungen treffen. Langjährige Lebensgemeinschaften, insbesondere solche, aus denen Kinder hervorgegangen sind, lassen sich daher von außen kaum von Ehen oder Lebenspartnerschaften unterscheiden.

Wenn in diesem Buch von „Lebenspartnerschaft" die Rede ist, ist immer die eingetragene Lebenspartnerschaft im Sinne des LPartG gemeint, nicht die einfache homo- oder heterosexuelle Lebensgemeinschaft von zwei Partnern ohne Heirats- oder Verpartnerungsurkunde. Sind alle Formen von Lebensgemeinschaften, auch Ehen, gemeint, spreche ich von „Partnerschaften" oder „Lebensgemeinschaften".

Ob Paare mit oder ohne Trauschein zusammenleben, kann sich teils erheblich unterschiedlich auswirken,

Wesentliche Unterschiede

- wenn es darum geht, wie während der Partnerschaft erwirtschaftetes Vermögen behandelt wird,
- wenn Kinder in die Partnerschaft hineingeboren werden oder ein Partner ein Kind mitbringt,
- wenn ein Partner während der Lebensgemeinschaft und nach ihrer Beendigung auf finanzielle Unterstützung angewiesen ist, um seinen Lebensbedarf zu decken, oder
- wenn die Lebensgemeinschaft durch den Tod eines Partner beendet wird.

Gemeinsamkeiten

Es gibt aber auch Gemeinsamkeiten. So geht das Recht bei allen Formen der Partnerschaft davon aus, dass die Partner nicht nur in emotionaler Hinsicht als Paar zusammenleben möchten, sondern auch bereit sind, Geld und Arbeitskraft in die Partnerschaft zu investieren.

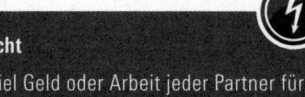

Vorsicht

Wie viel Geld oder Arbeit jeder Partner für den gemeinsamen Haushalt aufwendet, müssen Sie mit Ihrem Partner bzw. Ihrer Partnerin verhandeln. Wenn Sie mit der Aufteilung nicht einverstanden sind oder sich ärgern, dass Ihr Partner oder Ihre Partnerin sich nicht an die einmal getroffene Vereinbarung hält, müssen Sie sich fragen, ob Sie sich deshalb trennen wollen. Tun Sie dies nicht und leben das ungeliebte Modell widerwillig weiter, haben Sie es in rechtlicher Hinsicht akzeptiert. Dieser Grundsatz gilt sowohl für nichteheliche Lebensgemeinschaften als auch für Ehen und eingetragene Lebenspartnerschaften.

Für welche Art des Zusammenlebens Sie sich auch entscheiden mögen, gegen manche Entwicklungen können Sie sich nur schützen, wenn Sie mit Ihrem Partner bzw. Ihrer Partnerin offen diskutieren und gegebenenfalls eine vertragliche Absicherung verlangen. Das muss nicht immer ein Ehe- oder Lebenspartnerschaftsvertrag sein; manche Probleme lassen sich ganz einfach durch zivilrechtliche Verträge lösen oder dadurch, dass man sein Vermögen mit Blick auf etwaige katastrophale Entwicklungen von vornherein gerecht aufteilt.

Bitte beachten Sie, dass die Fragen, die nachfolgend aufgeworfen werden, teilweise sehr komplex sind und im Rahmen eines Ratgebers wie diesem nicht erschöpfend beantwortet werden können. Ehegatten und Lebenspartner, die im Hinblick auf eine Trennung und Scheidung insbesondere in Bezug auf den güterrechtlichen Ausgleich oder den Versorgungsausgleich mehr Informationen benötigen, werden im Ratgeber „Trennung, Scheidung und die finanziellen Folgen" fündig. Mehr dazu auf www.vz-ratgeber.de.

VERLIEBT, VERLOBT, VERHEIRATET

Um eine nichteheliche Lebensgemeinschaft zu beginnen, müssen Sie keinen Papierkram erledigen und keinerlei rechtlich verbindliche Erklärungen abgeben: Sie beginnen sie einfach und können sie auch jederzeit ohne Weiteres wieder beenden. Ein Verlöbnis, die ernstliche Erklärung, einmal die Ehe miteinander einzugehen, hat schon eine etwas weiter reichende Wirkung. Heiraten die Verlobten schließlich einander, hat dies erhebliche rechtliche Folgen.

ZUSAMMENLEBEN OHNE TRAUSCHEIN

BEGRIFF DER NICHTEHELICHEN LEBENS-GEMEINSCHAFT

Beispiel 1: Alexander und Helena haben sich auf einer lang-weiligen Party eines gemeinsamen Freundes kennengelernt.
Sie beschlossen, den Abend anderweitig zu verbringen, verliebten sich und zogen bald zusammen. Eine spätere Heirat war für sie noch kein Thema, sie wollten erst einmal sehen, wie sie im Alltag zueinander passen.

Beispiel 2: Anna und Irini waren zehn Jahre zusammen, bevor sie den Weg zum Standesamt antraten. Für beide war schon lange vorher klar, dass sie ihr Leben miteinander verbringen wollen. Für die Verpartnerung haben sie sich entschieden, weil das für sie ein wichtiges politisches Signal war.

Als nichteheliche Lebensgemeinschaft bezeichnet der Jurist Beziehungen,

*   die auf unbestimmte Dauer angelegt sind,
*   sich durch innere Bindungen der Partner zueinander aus-zeichnen und
*   neben sich keine weiteren Lebensgemeinschaften gleicher Art zulassen.

Die Bindungen der Partner zueinander müssen so eng sein, dass diese auch in schlechten Zeiten füreinander einstehen und Verantwortung übernehmen wollen. Eine Lebensgemein-schaft liegt nicht vor, wenn die Partner vorrangig aus prak-tischen Erwägungen zusammenwohnen und/oder eine bloße sexuelle Haushalts-, Wohn- und Wirtschaftsgemeinschaft führen. Die Grenzen zur Lebensgemeinschaft sind aber flie-ßend, zumal es ganz verschiedene Gründe geben kann, wa-rum zwei Menschen ohne Trauschein zusammenleben.

Je länger zwei Partner zusammenleben, desto eher wird man auf eine intensive Bindung schließen können. Sind die Partner erst kurz zusammen, spricht dies umgekehrt aber auch nicht zwingend gegen eine feste Bindung.

Im Unterhaltsrecht spricht man von einer eheähnlichen Beziehung, wenn die Partner drei Jahre zusammengelebt haben oder sie zwar kürzer zusammen sind, aber bereits gemeinsame Kinder haben, zusammen ein Haus bauen oder Ähnliches. Das Sozialrecht – hierzu später mehr – sieht es ähnlich:

§ 7 Abs. 3 a SGB II:

Ein wechselseitiger Wille, Verantwortung füreinander zu tragen und füreinander einzustehen, wird vermutet, wenn Partner

1. länger als ein Jahr zusammenleben,

2. mit einem gemeinsamen Kind zusammenleben,

3. Kinder oder Angehörige im Haushalt versorgen oder

4. befugt sind, über Einkommen oder Vermögen des anderen zu verfügen.

Wann eine nichteheliche Lebensgemeinschaft beginnt, ist von außen kaum zu erkennen, weil es hierfür – anders als bei der Eheschließung – keines offiziellen Rechtsaktes bedarf. Dass zwei Menschen eine gemeinsame Wohnung nehmen oder eine gemeinsame Haushaltskasse führen, weist zwar auf eine Gemeinschaft hin, lässt aber noch keinen sicheren Schluss auf den Willen der Partner zu, ihr Leben miteinander zu teilen.

Partner einer Lebensgemeinschaft müssen nicht unbedingt unter einem Dach leben. Sie können sich auch für eine andere Formen des Zusammenlebens entscheiden.

Welche Art von Partnerschaft Alexander und Helena eingegangen sind, lässt sich nur schwer beurteilen. Sie leben erst seit kurzem als Paar zusammen. Für die weitere Zukunft haben sie noch keine Pläne. Es könnte sich um eine nichteheliche Lebensgemeinschaft handeln, aber auch um eine freie Partnerschaft, in der die Partner zwar zusammenleben, aber gar keine längerfristige Bindung wünschen und gegenseitige Verpflichtungen jeder Art ablehnen. Möglicherweise führen die beiden auch eine Probe-Ehe, machen also eine Art Testlauf für eine eventuelle spätere Eheschließung. So weit wie Irini und Anna sind sie aber in jedem Fall mit ihrer Partnerschaft noch nicht. Diese beiden haben dauerhaft eine Quasi-Ehe geführt.

Gründe für eine nichteheliche Partnerschaft

Nicht immer ist die nichteheliche Lebensgemeinschaft eine „Vorstufe" der Ehe. Viele Paare entscheiden sich auch ganz bewusst langfristig für diese Form des Zusammenlebens. Dabei können folgende Gründe eine Rolle spielen:

- Die Partner lehnen die Ehe als Institution ab.
- Die Partner haben schlechte Erfahrungen mit Ehen gemacht, die schließlich gescheitert sind, und lehnen weitere Eheschließungen für sich ab.
- Eine Eheschließung hätte negative finanzielle Folgen, weil die Partner durch sie zum Beispiel Renten-, Unterhalts oder Kindergeldansprüche verlören.
- Die Partner können noch gar nicht heiraten, zum Beispiel weil beide minderjährig sind oder einer von ihnen noch verheiratet ist.

Auch wenn Alexander und Helena jetzt schon für sich beschlossen haben sollten, dass sie für immer zusammenbleiben wollen, kann es jederzeit passieren, dass die Partnerschaft zerbricht. Das gilt zwar grundsätzlich auch für jede Ehe; es bedarf aber für die Auflösung einer nichtehelichen Lebensgemeinschaft keines besonderen Rechtsaktes. Möchte sich einer der Partner endgültig und nicht nur auf Probe trennen, ist die Partnerschaft beendet. Für den Gesetzgeber und die Rechtsprechung sind nichteheliche Lebensgemeinschaften verglichen mit Ehen oder eingetragenen Lebenspartnerschaften in besonderem Maße ergebnisoffen. Sie stehen daher nicht unter gesetzlichem Schutz.

02

ZUSAMMENWOHNEN

Schließen die Partner einer nichtehelichen Lebensgemeinschaft gemeinsam einen Mietvertrag über die gemeinsam bewohnte Wohnung ab, so sind sie beide zur Nutzung der Wohnung befugt und dem Vermieter gegenüber zur Zahlung der vereinbarten Miete verpflichtet. Da die Partner Gesamtschuldner sind, kann der Vermieter von beiden jeweils die Miete in voller Höhe verlangen. Ein eventueller Ausgleich findet nur im Innenverhältnis zwischen den Partnern statt.

Gemeinsamer Mietvertrag

Schließt hingegen nur einer der Partner den Vertrag ab, kann dieser seinen nichtehelichen Lebensgefährten ebenso mit in die Wohnung aufnehmen wie seinen Ehegatten, seine Kinder, Enkelkinder, Pflegepersonen und Hausangestellte. Der Vermieter muss zwar grundsätzlich um Erlaubnis gefragt werden, wenn weitere Personen in die Wohnung aufgenommen werden, er darf die Erlaubnis aber nicht verweigern, wenn der Mieter ein berechtigtes Interesse an der Aufnahme hat. Ein solches Interesse liegt unter anderem auch dann vor, wenn der Mieter mit seinem Partner oder seiner Partnerin eine nichteheliche Lebensgemeinschaft begründen oder fortsetzen will. Der Vermieter kann den Zuzug eines nichtehelichen Partners nur verhindern, wenn dieser massiv die Hausgemeinschaft gestört hat, der Wohnraum durch seine Aufnahme übermäßig belegt würde oder ein sonstiger wichtiger Grund in seiner Person vorliegt, der gegen den Zuzug spricht.

Alleiniger Mietvertrag eines Partners

Das alles gilt entsprechend, wenn der Partner seine Wohnung nicht als Mieter besitzt, sondern aufgrund eines vertraglich vereinbarten Wohnrechts (§ 1093 Abs. 2 BGB). Auch in diesem Fall darf er seine Familie mit in die Wohnung aufnehmen. Dies schließt den Partner einer auf Dauer angelegten nichtehelichen Lebensgemeinschaft ein (BGH, Urteil vom 07.05.1982, Az. V ZR 58/81).

Wenn der alleinige Mieter stirbt

Stirbt der Partner, der die Wohnung angemietet hatte, kann der Vermieter den mit in der Wohnung lebenden Lebensgefährten nicht auf die Straße setzen. Dieser tritt nämlich automatisch anstelle des Verstorbenen in den Mietvertrag ein (§ 563 Abs. 2 BGB). Wenn er das nicht möchte, kann er binnen einem Monat nach Kenntnis vom Tod des Partners erklären, dass er das Mietverhältnis nicht fortsetzen will. Tut er das nicht und möchte der Vermieter seinen Eintritt verhindern, kann dieser binnen einem Monat das Mietverhältnis außerordentlich kündigen. Dazu müssen aber wichtige Gründe in der Person des Eintretenden vorliegen (siehe oben).

War der Mieter noch verheiratet, hat dessen Ehegatte den ersten Zugriff auf die Wohnung. Will dieser in den Mietvertrag seines verstorbenen Ehegatten eintreten, muss der nichteheliche Lebensgefährte weichen.

Eigentumswohnung eines Partners

Ist einer der Partner Eigentümer einer vermieteten Eigentumswohnung und will er diese mit seinem Partner gemeinsam nutzen, kann dies eine Eigenbedarfskündigung im Sinne des § 573 Abs. 2 Nr. 2 BGB rechtfertigen. Der Wunsch, gemeinsam mit einem Partner ohne Trauschein in einer Wohnung zusammenleben zu können, gilt als ernsthafter und vernünftiger Eigenbedarf.

DAS VERLÖBNIS

EINGEHUNG UND FOLGEN

02

Einige Jahre nach ihrer ersten Begegnung hält Alexander bei Helenas Vater um die Hand seiner Tochter an. Dieser ist gerührt und gibt sein Einverständnis. Auf einem romantischen Winterspaziergang sinkt Alexander auf die Knie, gesteht Helena seine ewige Liebe und bittet sie, seine Frau zu werden. Helena willigt unter Tränen ein und akzeptiert den angemessen dimensionierten Verlobungsring.

Alexander und Helena haben sich ernstlich versprochen, miteinander die Ehe eingehen zu wollen, und sind damit verlobt. Die Grenzen zur nichtehelichen Lebensgemeinschaft sind in der Praxis fließend, insbesondere bei Probe-Ehen, bei denen sich die Partner sicher sind, später irgendwann einmal heiraten zu wollen. Ein Verlöbnis wird meist nur als große romantische Geste gesehen, hat aber tatsächlich auch eine rechtliche Bedeutung.

Das deutsche Strafrecht erkennt die besondere Verbundenheit von Verlobten an, indem es ihnen ein Zeugnisverweigerungsrecht einräumt.

Juristisch gesehen handelt es sich beim Verlöbnis um einen Vertrag, auf den bis zu einem bestimmten Grad die üblichen Regeln des Bürgerlichen Gesetzbuches anwendbar sind. Das geht natürlich nicht so weit, dass ein Partner, der später doch die Eheschließung verweigert, auf Erfüllung verklagt werden oder eine Vertragsstrafe auferlegt bekommen kann. Auch für das Zusammenleben der Verlobten hat das Eheversprechen noch keine besonderen Auswirkungen, die Regeln für die eheliche Lebensgemeinschaft sind auf Verlobte nicht anzuwenden. Die gesetzlichen Regelungen zum Verlöbnis in den

§§ 1297 ff. BGB, die nach § 1 Abs. 4 LPartG für eingetragene Lebenspartner entsprechend gelten, sollen aber die Verlobten schützen, die im Vertrauen auf die spätere Eheschließung erheblichen finanziellen Aufwand betreiben.

AUFLÖSUNG DES VERLÖBNISSES

Das Verlöbnis endet, wenn die Partner heiraten, wenn sie sich trennen oder wenn sie sich einvernehmlich gegen die spätere Heirat entscheiden und weiter in nichtehelicher Lebensgemeinschaft zusammenleben. Ein Verlöbnis endet auch dann, wenn die Eheschließung unmöglich wird, weil ein Partner stirbt oder sich herausstellt, dass die Partner tatsächlich Geschwister sind (Inzestverbot). In all diesen Fällen besteht juristisch kein Handlungsbedarf.

Trennen sich die Partner oder beschließen sie, weiter in wilder Ehe zusammenzuleben, handelt es sich juristisch gesehen um einen Rücktritt vom Vertrag bzw. um einen Aufhebungsvertrag.

Alexander hat Helena nach der Verlobung geholfen, einen Kleinkredit abzuzahlen. Außerdem hat er ihr letztes Jahr ein gebrauchtes Auto gekauft und ihr zu Weihnachten zwei CDs geschenkt, die sie sich gewünscht hatte. In den vergangenen Jahren hat er den gemeinsamen Haushalt quasi allein finanziert. Als Helena sich von ihm trennt, verlangt er einen Ausgleich. Außerdem will er den Verlobungsring zurück.

Seine Unterhaltsleistungen und Gelegenheitsgeschenke bekommt Alexander auch im Fall der Auflösung eines Verlöbnisses nicht zurück. Anders ist es aber bei größeren Geschenken und dem Verlobungsring. Den Verlobungsring, das Auto bzw. dessen Zeitwert und auch seine Zahlung auf Helenas Kredit kann Alexander nach Verlöbnisrecht zurückfordern. Voraussetzung ist allerdings, dass Alexander die Zuwendungen nach

der Verlobung getätigt hat. Geregelt ist der Rückforderungsanspruch in folgender Vorschrift:

§ 1301 Satz 1 BGB:

Unterbleibt die Eheschließung, so kann jeder Verlobte von dem
anderen die Herausgabe desjenigen, was er ihm geschenkt oder zum
Zeichen des Verlöbnisses gegeben hat, nach den Vorschriften über die
Herausgabe einer ungerechtfertigten Bereicherung fordern.

Warum werden Verlobte bessergestellt als die Partner einer
nichtehelichen Lebensgemeinschaft und sogar als Ehegatten? Bei Verlobten geht der Gesetzgeber davon aus, dass sie
größere Zuwendungen nur um des Verlöbnisses und der späteren Eheschließung willen machen und nicht „nur" aus Liebe. Verlobte sind bei ungewollten Vermögensverschiebungen
zudem noch nicht so geschützt wie Eheleute bei Auflösung
der Ehe: Macht ein Ehepartner dem anderen während der Ehe
größere Zuwendungen, hat er zumindest die Chance, Teile
des Wertes im Wege des Zugewinnausgleichs zurückzuerhal-
ten (mehr dazu in Kapitel 6).

Eine Besonderheit des Verlöbnisrechts ist, dass es auch dritte
Personen schützen soll, die im Vertrauen auf die spätere Heirat Aufwendungen tätigen:

Zuwendungen Dritter

§ 1298 Abs. 1 Satz 1 BGB:

Tritt ein Verlobter von dem Verlöbnis zurück, so hat er dem
anderen Verlobten und dessen Eltern sowie dritten Personen, welche
anstelle der Eltern gehandelt haben, den Schaden zu ersetzen, der daraus
entstanden ist, dass sie in Erwartung der Ehe Aufwendungen gemacht
haben oder Verbindlichkeiten eingegangen sind.

Dazu ein Beispiel:

Helenas Vater war so erleichtert, seine Tochter endlich unter der Haube zu wissen, dass er mit seiner Frau und Helena eine pompöse Hochzeitsfeier geplant und hierfür schon einiges an Vorschüssen gezahlt hat. Auch ein Hochzeitskleid hat er bereits gekauft. Alexander wird das alles zu aufwendig, er traut sich aber lange nicht, das zu sagen. Auch Helena wartet angesichts der Euphorie ihrer Eltern sehr lange, bis sie ihnen beichtet, dass sie sich von Alexander trennen will.

Helenas Eltern haben eine sehr opulente Hochzeit geplant, obwohl Alexander eigentlich etwas Bescheideneres gewollt hätte. Auch müssen sich die Schwiegereltern immer vor Augen führen, dass ein Verlöbnis nur ein Versprechen ist und keine Garantie für eine Eheschließung bietet. Ihr Vertrauen in eine spätere Heirat ist deshalb in rechtlicher Hinsicht nur begrenzt geschützt. Die Folge ist, dass kleinere Gelegenheitsgeschenke, Restaurant- und Hotelkosten etc. in aller Regel nicht zurückverlangt werden können, wenn es zum zeitigen Bruch eines Verlöbnisses kommt. Im obigen Beispiel haben Helenas Eltern aber durchaus Anspruch auf Erstattung der Kosten der Feier und des Hochzeitkleides. Gegenüber Alexander besteht der Anspruch, weil er sie über seine Vorbehalte gegen die Dimensionen der Hochzeit im Unklaren gelassen hat, und gegenüber Helena besteht er, weil sich die Eltern nicht in derartige Unkosten gestürzt hätten, wenn sie von den Trennungsabsichten ihrer Tochter gewusst hätten.

DIE EHE

Viel relevanter als die Regelungen zum Verlöbnis sind die Regelungen zur Eheschließung und die familienrechtlichen Folgen, die damit verbunden sind. Ein sehr großer Anteil der Auseinandersetzungen zwischen Ehegatten ließe sich vermeiden, wenn beide vor der Eheschließung über die allgemeinen

Ehewirkungen und die Folgen einer Trennung und Scheidung informiert wären.

EINGEHUNG DER EHE

02

Alexander und Helena söhnen sich aus und heiraten schließlich doch.

a) Eheschließung

Eine Ehe wird dadurch geschlossen, dass die Eheschließenden vor dem Standesbeamten erklären, die Ehe miteinander eingehen zu wollen. Der Standesbeamte muss im Rahmen der Anmeldung der Ehe prüfen, ob die Voraussetzungen für die Eheschließung vorliegen. Insbesondere müssen die Verlobten ehefähig sein und es dürfen keine Eheverbote vorliegen oder sonstige Hindernisse bestehen. Liegen die Voraussetzungen vor, muss er die Ehe schließen.

Heiraten kann nicht, wer geschäftsunfähig ist oder noch nicht volljährig. Ausnahmsweise genügt es allerdings, wenn nur ein Ehegatte volljährig und der andere mindestens 16 Jahre alt ist. Der Minderjährige muss in diesem Fall die erforderliche Reife haben, eine solch wichtige Entscheidung zu treffen, und außerdem in der Lage und willens sein, seine Rolle in der ehelichen Lebensgemeinschaft zu erfüllen. Ob diese Voraussetzungen vorliegen, prüft auf Antrag des Minderjährigen das zuständige Familiengericht und erteilt oder verweigert die Befreiung vom Erfordernis der Volljährigkeit.

Heirat Minderjähriger

Die Eheschließung ist nicht von der Einwilligung der Eltern abhängig. Diese können dem Gericht signalisieren, dass sie mit der Eheschließung einverstanden sind, indem sie auch selbst den Befreiungsantrag stellen. Sie können die Hürden für die Befreiung aber auch deutlich höher legen, indem sie ihr widersprechen. Das Gericht darf die Befreiung dann nur erteilen, wenn der Widerspruch nicht auf triftigen Gründen beruht. Andere Staaten handhaben die Voraussetzungen der Eheschließung teilweise deutlich liberaler und erlauben beispielsweise die Heirat zweier Minderjähriger, ohne dass die sorgeberechtigten Eltern dem entgegentreten könnten.

Eine im Ausland geschlossene Ehe ist in Deutschland wirksam, sofern die im Ausland geltenden Bestimmungen eingehalten wurden. Ausgenommen sind aber Eheschließungen, die dem Verbot der Verwandtenehe oder dem Verbot der Mehrehe widersprechen. Diese können nicht durch das Ausweichen ins Ausland umgangen werden. Die Ehe würde in Deutschland nicht anerkannt.

Eine Ehe kann nicht schließen, wer bereits verheiratet oder mit seinem Ehepartner in gerader Linie verwandt ist (Eltern/Kinder, Enkel/Großeltern etc.). Auch die Ehe zwischen Geschwistern ist ausgeschlossen. Auf Blutsverwandtschaft kommt es in den genannten Fällen nicht zwingend an. Wer jemanden adoptiert, darf diesen also selbst dann nicht mehr heiraten, wenn es sich nur um eine rechtliche Eltern-Kind- oder Geschwisterbeziehung handelt. Bemerkt ein Standesbeamter nicht, dass er zwei Menschen entgegen dem Inzestverbot oder dem Verbot der Mehrehe verheiratet hat, kann die auf diese Art und Weise entstandene Ehe später aufgehoben werden.

b) Exkurs: Aufhebung der Ehe

Die Aufhebung der Ehe soll hier nicht weiter thematisiert werden, da sie in der Praxis kaum eine Rolle spielt. Sie wird allenfalls in Fällen sogenannter Scheinehen relevant, die zur Erlangung der deutschen Staatsangehörigkeit eingegangen werden. Wenn beide Ehepartner nämlich niemals die Absicht hatten, wirklich eine Lebensgemeinschaft zu begründen, ist die Ehe aufzuheben. Anders sieht es aus, wenn zumindest ein

Ehegatte bei der Eheschließung tatsächlich mit dem anderen eine Ehe führen wollte und er vom anderen getäuscht wurde. Dann wäre die Ehe ganz normal zu scheiden.

c) Formalia.

02

Wirksam ist nur die Trauung vor einem Standesbeamten. Für viele Menschen gehört eine kirchliche Trauung zwar zu einer richtigen Eheschließung dazu, in zivilrechtlicher Hinsicht hat sie aber keine Bedeutung. Manche ausländischen Rechtsordnungen lassen auch die Trauung vor einem Geistlichen zu. Heiraten Sie im Ausland, ist die Eheschließung dann in Deutschland dennoch wirksam und anzuerkennen. Bei Heirat im Inland muss der Geistliche zugleich Standesbeamter im deutschen Sinne sein.

Zuständig für die Anmeldung der Eheschließung ist das Standesamt am Wohnsitz der Verlobten. Haben sie nicht denselben Wohnsitz, können sie die Eheschließung wahlweise am Wohnsitz des einen oder anderen Partners anmelden. Die Eheschließung selbst kann dann bei einem Standesamt ihrer Wahl erfolgen.

Folgende Unterlagen benötigen Sie in jedem Fall zur Eheschließung:

Erforderliche Dokumente

- eine aktuelle beglaubigte Abschrift aus dem Geburtenregister,
- eine aktuelle Aufenthaltsbescheinigung aus dem Melderegister Ihres Hauptwohnsitzes (eine Anmeldebestätigung genügt nicht!) und
- Ihren gültigen Reisepass oder Personalausweis.

Falls Sie schon einmal verheiratet waren, benötigen Sie außerdem:

- eine beglaubigte Ablichtung aus dem Eheregister der letzten Ehe mit Auflösungsvermerk (diese bekommen Sie beim Standesamt des damaligen Eheschließungsortes) und
- die rechtskräftigen Scheidungsurteile bzw. -beschlüsse sämtlicher Vorehen.
- Falls Vorehen durch den Tod von Ehepartnern beendet wurden, benötigen Sie stattdessen Sterbeurkunden der fraglichen Ehepartner.

Wenn Sie gemeinsame Kinder haben, benötigen Sie außerdem:

- Geburtsurkunden oder beglaubigte Abschriften aus dem Geburtsregister,
- die Urkunde über die Anerkennung der Vaterschaft für jedes Kind sowie
- die Urkunde(n) über die Erklärung der gemeinsamen elterlichen Sorge (Sorgerechtserklärung), falls diese Erklärung abgegeben wurde.

Zu diesen Erklärungen mehr unten auf S. 64 und 77.

Ehefähigkeitszeugnis

Wenn Sie oder Ihr Partner bzw. Ihre Partnerin eine ausländische Staatsangehörigkeit besitzen, nicht im Bundesgebiet geboren oder adoptiert sind oder Ihre letzte Ehe/Lebenspartnerschaft im Ausland geschlossen haben, unterliegt jedenfalls einer von Ihnen hinsichtlich der Voraussetzungen für die Eheschließung ausländischem Recht. In diesem Fall kann der Standesbeamte nicht so ohne Weiteres überprüfen, ob nach dem ausländischen Recht Ehehindernisse bestehen. Hierfür müssen Sie oder Ihr Partner zusätzlich ein sogenanntes Ehefähigkeitszeugnis beibringen.

Das Ehefähigkeitszeugnis erhält man von der inneren Behörde des Heimatstaates, zum Beispiel dem Innenministerium oder einer beauftragten nachrangigen Behörde. Einfacher ist es, wenn Sie das Zeugnis bei Ihrem Konsulat anfordern. Dazu muss aber ein zwischenstaatlicher Vertrag mit der Bundesrepublik Deutschland bestehen. Stellt Ihr Heimatstaat ein solches Zeugnis nicht aus oder ist es Ihnen aus anderen Gründen nicht möglich, ein solches Zeugnis zu bekommen, so kann der Präsident des Oberlandesgerichts (OLG), in dessen Bezirk Sie die Eheschließung anmelden, eine Befreiung erteilen. Der Antrag auf Befreiung ist beim zuständigen Standesamt zu stellen, das dem OLG-Präsidenten sodann zuarbeitet.

02

EHELICHES GÜTERRECHT

Für die Organisation der Vermögensangelegenheiten von Ehegatten ist der Güterstand, den sie für ihre Ehe wählen, von besonderer Bedeutung. Er hat Einfluss darauf, ob Vermögensgegenstände den Ehegatten nach ihrer Heirat einzeln oder gemeinsam zuzurechnen sind. Das Bürgerliche Gesetzbuch kennt drei Güterstände: den gesetzlichen Güterstand der Zugewinngemeinschaft und die beiden Wahlgüterstände der Gütertrennung und der Gütergemeinschaft, die man vor, aber auch während der Eheschließung durch notariellen Vertrag (Ehevertrag) vereinbaren kann. Die Güterstände sollen hier nur in ihren Grundzügen dargestellt werden.

Wahl eines Güterstandes

Ein Güterstand kann enden

- durch den Tod eines Ehegatten,
- durch Wahl eines anderen Güterstandes (§§ 1408 Abs. 1, 1414 BGB) oder
- mit rechtskräftiger Auflösung der Ehe durch Scheidung oder Aufhebungsbeschluss.

Der gesetzliche Güterstand der Zugewinngemeinschaft endet ferner durch rechtskräftige Entscheidung auf vorzeitigen Ausgleich des Zugewinns (§ 1388 BGB).

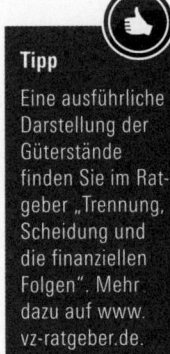

Tipp

Eine ausführliche Darstellung der Güterstände finden Sie im Ratgeber „Trennung, Scheidung und die finanziellen Folgen". Mehr dazu auf www.vz-ratgeber.de.

a) Die Zugewinngemeinschaft

Bei der Zugewinngemeinschaft behält jeder Ehegatte das Vermögen, das ihm zivilrechtlich gehört, es findet also mit der Eheschließung kein automatischer Vermögenstransfer statt. Das bleibt auch während der Ehe so: Wer etwas anschafft, dem gehört es auch. Die Partner müssen immer wieder aufs Neue entscheiden, wer welche Ausgaben tätigt, wer für welche Schuld haftet, in wessen Eigentum welcher neu erworbene Gegenstand übergeht etc. Es kann daher sein, dass ein Partner während der Ehe mehr Vermögen erwirtschaftet oder mehr Schulden macht als der andere. Der Gesetzgeber geht davon aus, dass das während der Ehe erwirtschaftete Vermögensplus auf die Leistungen beider Partner zurückzuführen ist, auch wenn ein größerer Teil dieses Vermögens bei einem der Partner verbucht wurde. Wer bei der Verteilung des Vermögens während der Ehe den Kürzeren gezogen hat, kann vom anderen im Falle der Scheidung deshalb einen Ausgleich in Geld verlangen, den Zugewinnausgleich. Mehr zu dessen Berechnung erfahren Sie ab S. 123.

„Gemeinschaftlich" ist beim gesetzlichen Güterstand der Zugewinngemeinschaft nicht das Vermögen an sich, sondern lediglich das während der Ehe erwirtschaftete Plus.

Die güterrechtlichen Regeln gehen grundsätzlich allen anderen Möglichkeiten vor, die ehelichen Vermögensbeziehungen auseinanderzusetzen. Nur wenn der güterrechtliche Ausgleich zu untragbaren Ergebnissen führt, ist eine Korrektur über zivilrechtliche Regeln möglich. Hierzu mehr in Kapitel 6.

Verfügungen über das Vermögen im Ganzen

Helena löst kurz nach der Eheschließung ihren Bausparvertrag auf, ohne Alexander zu fragen. Sie will damit ein Auto anschaffen. Weiteres Vermögen hat sie nicht.

Jeder Ehegatte bleibt in der Zugewinngemeinschaft Inhaber seines Vermögens. Helena darf also über ihren Bausparvertrag verfügen und muss das mit Alexander auch nicht besprechen. Aber: Um zu verhindern, dass ein Ehegatte während der Ehe sein Vermögen mit einem Schlag verschleudert oder verschiebt und dadurch den Zugewinnausgleich gefährdet, greift der gesetzliche Güterstand in die freie Vermögensverfügung der Ehegatten ein.

02

Ehepartner, die im gesetzlichen Güterstand leben, können sich nicht ohne Zustimmung des anderen wirksam verpflichten, über ihr Vermögen als Ganzes zu verfügen (§ 1365 BGB). Das gilt auch, wenn sich das Rechtsgeschäft lediglich auf einzelne Vermögensgegenstände erstreckt, diese aber mindestens 85 bis 90 % des Gesamtvermögens ausmachen. So verhält es sich hier: Helena hat außer dem Bausparvertrag kein weiteres Vermögen. Selbst wenn sie von dem Geld eine wirtschaftlich sinnvolle Anschaffung tätigen will, ändert das nichts daran, dass Alexander der Auflösung des Bausparvertrages zustimmen muss. Vollzieht Helena das Geschäft ohne Alexanders Zustimmung, kann dieser verlangen, dass es rückabgewickelt wird. Helena müsste der Bank dann das Geld zurückzahlen und diese müsste den Bausparvertrag wieder in Kraft setzen.

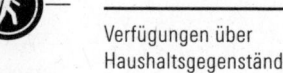

Alexander verkauft seine Waschmaschine, die von Helena bislang mitgenutzt wurde. Helena fordert ihn auf, den Verkauf rückgängig zu machen.

Verfügungen über Haushaltsgegenstände

Als zivilrechtlicher Eigentümer darf Alexander eigentlich mit der Waschmaschine machen, was er will. Die eheliche Lebensgemeinschaft würde allerdings erheblich gestört, wenn ein Partner ohne Zustimmung des anderen Teile des Hausrats wie Möbel, Waschmaschine, Fernseher oder Kochutensilien verkaufen, verschenken oder vernichten dürfte (mehr zum Begriff des Hausrats siehe unten S. 102 ff.). § 1369 BGB bestimmt deshalb, dass ein Ehegatte nur dann über ihm gehörende Gegenstände des ehelichen Haushalts verfügen darf, wenn der andere Ehegatte einwilligt. Helena wurde nicht gefragt und kann daher in der Tat verlangen, dass Alexander die Waschmaschine zurückholt.

Sind Hausratsgegenstände anlässlich oder nach der Trennung erworben worden, so gehörten sie nie zum ehelichen Haushalt und können daher frei veräußert werden.

Angenommen, die Waschmaschine gehörte nicht Alexander, sondern Helena: Alexander verkauft die Waschmaschine und reagiert auf Helenas Wutausbruch mit dem Argument, § 1369 BGB verbiete ihm nur, über eigene Gegenstände zu verfügen, nicht aber über ihre.

Alexanders Argument ist reizvoll, greift aber zu kurz: Über Gegenstände, die einem anderen gehören, darf man ohnehin nicht ohne dessen Erlaubnis verfügen. Helena muss nicht § 1369 BGB bemühen, sondern kann sich auf die allgemeinen Vorschriften des Bürgerlichen Gesetzbuches berufen, um ihre Waschmaschine wiederzubekommen bzw. gegen Alexander Schadensersatzansprüche geltend zu machen.

b) Die Gütertrennung

Alexander und Helena vereinbaren ehevertraglich Gütertrennung. Der gut verdienende Alexander spart während der Ehe deutlich mehr Vermögen an als Helena.

Auch wenn die Ehepartner Gütertrennung vereinbaren, ändert sich an ihren Vermögensverhältnissen mit Eingehung der Ehe nichts. Anders als bei der Zugewinngemeinschaft wird allerdings auch bei Auflösung der Ehe kein Ausgleich des Vermögenszuwachses vorgenommen. Helena hat also im obigen Beispiel keine güterrechtlichen Geldansprüche gegen Alexander. Nur wenn sie während der Ehe eigenes Kapital auf Alexander übertragen und so unmittelbar dazu beigetragen hätte, dass sein Vermögen wächst, hätte sie eine Chance, Teile davon zurückzubekommen oder in seltenen Ausnahmefällen (Stichwort: Ehegatten-Innengesellschaft) sogar am Ertrag ihrer Investitionen beteiligt zu werden. Dazu mehr in Kapitel 6.

02

c) Die Gütergemeinschaft

Bei der Gütergemeinschaft verbinden sich die Vermögensmassen der Ehegatten anders als beim gesetzlichen Güterstand oder bei der Gütertrennung mit Beginn des Güterstandes zu einer einzigen Masse. „Beginn des Güterstandes" ist der Zeitpunkt, auf den sich die Ehegatten per Ehevertrag verständigt haben, frühestens der Moment der Eheschließung. Die Gütergemeinschaft wird von jungen Ehepaaren nur noch sehr selten gewählt.

Das Vermögen wird von den Ehegatten während bestehender Gütergemeinschaft gemeinsam verwaltet, es sei denn, sie vereinbaren etwas anderes. Das gemeinschaftliche Vermögen wird Gesamtgut genannt. Nicht zum Gesamtgut gehören das Sondergut und das Vorbehaltsgut der Ehegatten.

Sondergut ist Vermögen, das nicht durch Rechtsgeschäft übertragen werden kann. Das sind nicht abtretbare und unpfändbare Ansprüche, etwa die unpfändbaren Gehaltsbestandteile nach § 850 a ZPO, Unterhaltsansprüche oder Forderungen aus Urheberrechten. Auch Wohnungs- und Nießbrauchsrechte sind höchstpersönliche Rechte und gehören damit zum Sondergut.

Sondergut

Vorbehaltsgut ist das Vermögen, das die Ehegatten selbst durch Ehevertrag dazu erklärt haben. Auch kann ein Erblasser in seinem Testament oder ein Schenker bei Übergabe des Geschenks bestimmen, dass der erbrechtliche Erwerb oder das

Vorbehaltsgut

Geschenk Vorbehaltsgut des Erben bzw. Beschenkten sein soll. .

Lassen sich die Ehegatten scheiden, verwandelt sich die Gütergemeinschaft hinsichtlich des Gesamtgutes in eine Liquidationsgemeinschaft. Sondergut und Vorbehaltsgut verbleiben bei ihrem jeweiligen Inhaber. Die Liquidationsgemeinschaft muss auseinandergesetzt werden: Zunächst müssen die Ehegatten die Verbindlichkeiten des Gesamtgutes begleichen. Der verbleibende Überschuss ist hälftig zu teilen. Wie die Ehegatten dies organisieren, ist ihnen überlassen. Jeder von ihnen muss am Ende wertmäßig die Hälfte des Gesamtgutes erhalten. Ist eine Einigung hinsichtlich bestimmter Gegenstände, etwa der gemeinsamen Immobilie oder eines gemeinsamen Pkw, nicht möglich, müssen diese gegebenenfalls verkauft oder versteigert werden.

DIE EHELICHE LEBENSGEMEINSCHAFT

a) Begriff

Wie oben bereits ausgeführt, müssen sich die Partner jeder Lebensgemeinschaft darüber einig werden, wie sie miteinander leben wollen. Für die Ehe hat der Gesetzgeber besondere Regeln entwickelt.

Das Grundgesetz stellt die Ehe in Art. 6 Abs. 1 unter besonderen staatlichen Schutz. Sie soll eine Lebensgemeinschaft gleichberechtigter Partner sein, in der diese in gemeinsamer Verantwortung und mit Rücksicht auf den anderen bestimmen, wie sie ihr Zusammenleben gestalten wollen, und gemeinsam entscheiden, wer von ihnen welche persönlichen und wirtschaftlichen Leistungen erbringen muss, um die gemeinsam gesteckten Ziele zu erreichen. Konkret betrifft das zum Beispiel Fragen wie die folgenden: Wer führt den Haushalt? Wer kümmert sich um die Kinder? Wollen beide unter einem Dach zusammenleben? Wie gestalten sie ihre Freizeit, ihr Geschlechtsleben, ihre Finanzen und Fragen der ehelichen Treue?

Bei der Ehe ist das deshalb einer besonderen Erwähnung wert, weil die alten Regeln, nach denen der Mann die Entscheidungshoheit hatte und seinen Willen einseitig gegenüber seiner Frau durchsetzen konnte, erst nach und nach aus dem Eherecht verschwunden sind. Die Gleichberechtigung der Eheleute wurde erst 1977 Gesetz, manche Ausläufer der alten Rechtslage wurden erst in den 1990er Jahren entfernt.

02

Ihre Entscheidungsfreiheit müssen die Partner nutzen. Wer sich über Jahre hinweg von seinem Partner diktieren lässt, wie das gemeinsame Leben auszusehen hat und hiergegen nicht aufbegehrt, darf sich hinterher auch nicht beschweren, dass er in der ehelichen Arbeitsteilung über Jahre hinweg zu kurz gekommen ist. Wer zum Beispiel während der Ehe als Alleinverdiener den Lebensunterhalt der gesamten Familie finanziert hat, wird bei Beendigung der Ehe keinen Ausgleich dafür erhalten, dass diese Aufgabenteilung zum einen stattgefunden hat und zum anderen über den güterrechtlichen Ausgleich und das Unterhaltsrecht bis zu einem gewissen Grad auch nach Beendigung der ehelichen Lebensgemeinschaft weiter aufrechterhalten wird. Ich stelle dies so plakativ und ausführlich dar, weil sich sehr viele Auseinandersetzungen zwischen Ehegatten nach dem Scheitern der Ehe um eben solche Punkte drehen.

Zentrale Vorschrift im Eherecht ist § 1353 BGB:

Die Ehe wird auf Lebenszeit geschlossen. Die Ehegatten sind einander zur ehelichen Lebensgemeinschaft verpflichtet; sie tragen füreinander Verantwortung.

Es ist mittlerweile unstreitig, dass zu einer Ehe nicht zwingend gehört, dass die Ehepartner zusammenwohnen. Sie können auch eine andere Form des Zusammenlebens wählen. Ähnliche Freiheiten gelten für das Geschlechtsleben: Weder kann ein Partner den anderen zum Geschlechtsverkehr verpflichten noch kann der Staat verbieten, dass sich die Ehepartner für eine „offene Beziehung" mit wechselnden Sexualpartnern entscheiden. Wichtig ist nur, dass dennoch eine echte Lebensgemeinschaft und nicht lediglich eine Wohngemeinschaft gemeint und gewollt ist.

Die Pflicht zur ehelichen Lebensgemeinschaft spielte auch eine Rolle in einer aktuellen Entscheidung des Bundessozialgerichts (Urteil vom 18.11.2014, Az. B 1 A 1/14R). Eine gesetzliche Krankenkasse wollte sich von ihren Mitbewerbern absetzen und bot als freiwillige Versicherungsleistung an, nicht nur Ehepaaren Zuschüsse für künstliche Befruchtungen gemäß § 27 a SGB V zu gewähren, sondern auch unverheirateten Paaren. Die Richter entschieden, dass dies mit der aktuellen Gesetzeslage nicht vereinbar sei. Die Pflicht zu ehelichen Lebensgemeinschaft verleihe der Ehe eine gegenüber Beziehungen ohne Trauschein „erhöhte Belastbarkeit". Für eingetragene Lebenspartner hat die Entscheidung keine Bedeutung. Diesen sind Zuschüsse für künstliche Befruchtungen durch die gesetzlichen Krankenkassen nach wie vor verwehrt.

b) Schutz der Ehewohnung

Ein Blick in die Zukunft: Helena und Alexander sind seit zehn Jahren verheiratet. Sie haben ein großes Haus, in dem sie sich in schlechten Zeiten auch einmal aus dem Weg gehen können. Beide haben gelegentlich Affären und dulden dies wechselseitig. Als Alexander seine aktuelle Geliebte aber mit nach Hause bringt und diese es sich im Gästezimmer gemütlich macht, ist Helena nicht einverstanden. Sie verlangt, dass Alexander seine Geliebte wieder ausquartiert. Alexander findet, das müsse er nicht. Welche Gäste er einlade, sei seine Sache.

Die eheliche Lebensgemeinschaft verpflichtet die Partner zur ehelichen Treue. Sie können also wechselseitig verlangen, dass der andere außereheliche Beziehungen unterlässt. In unserem Beispiel kann Helena sich aber nicht über Alexanders Geliebte beklagen, weil sie und Alexander ihre Ehe einvernehmlich „offen" gestaltet haben. Helena kann natürlich eine Neuregelung verlangen, aber selbst bei einer Rückkehr zur klassischen Lebensgestaltung könnte sie Alexander bei zukünftiger Untreue immer noch nicht auf Unterlassung verklagen. Er verstieße dann zwar gegen seine ehelichen Pflichten, griffe aber nicht in sogenannte absolute Rechte Helenas ein. Absolute Rechte, zum Beispiel das Eigentum, Urheberrechte oder das Allgemeine Persönlichkeitsrecht, wirken gegenüber jedermann, nicht nur gegenüber dem Ehepartner. Greift der Ehepartner oder ein Dritter in sie ein, kann man sich gerichtlich wehren.

02

Alexander bringt allerdings entgegen der Absprache seine Geliebte mit in die gemeinsame Ehewohnung und verletzt damit den sogenannten räumlich-gegenständlichen Bereich der Ehe. Dieser ist Teil des Allgemeinen Persönlichkeitsrechts. Helena kann Alexander deshalb auf Unterlassung verklagen. Das Problem: Selbst wenn sie die Klage gewinnt, hilft ihr das noch nicht weiter, wenn Alexander nichts an seinem Verhalten ändert. Helena kann aus ihrem Urteil nämlich nicht vollstrecken, also weder Zwangsgelder noch Zwangshaft gegen ihn verhängen lassen (§ 120 Abs. 3 FamFG).

Helena kann und sollte aber Alexanders Geliebte verklagen und durchsetzen, dass diese das Haus räumt und/oder es später auch nicht mehr betritt. § 120 Abs. 3 FamFG gilt nämlich nur zu Alexanders Gunsten.

Der Beispielsfall ist natürlich absurd; in der Praxis kommt so etwas so gut wie nie vor. Trotzdem hat er seine Berechtigung, denn er soll Ihnen vermitteln, dass Sie auch bei klarsten Verstößen Ihres Partners gegen die eheliche Lebensgemeinschaft Ihre Interessen gerichtlich nicht durchsetzen können.

Sie müssen sich entweder mit dem Verhalten Ihres Partners bzw. Ihrer Partnerin arrangieren oder sich trennen und später scheiden lassen.

Die Beschränkung des § 120 Abs. 3 FamFG gilt für nichteheliche Lebensgemeinschaften nicht entsprechend. Wären Helena und Alexander nicht verheiratet, könnte Helena von Alexander Unterlassung verlangen, wenn sie (Mit-)Eigentümerin des gemeinsam genutzten Hauses wäre, und ein Urteil gegen ihn auch zwangsweise durchsetzen. Aber auch hier ist eine Trennung sicherlich die bessere und auch realistischere Vorgehensweise.

c) Vermögensrechtliche Ansprüche der Ehegatten

Alexander und Helena nehmen ein Darlehen auf, um einen gemeinsamen Pkw zu finanzieren. Nachdem Alexander eine Zeit lang die Raten allein getragen hat, fragt er sich, ob es eine Möglichkeit gibt, von Helena die Hälfte der Raten erstattet zu bekommen.

Auch verheiratete Personen können zivilrechtliche Ansprüche gegeneinander haben. Diese können sie auch gegen den anderen gerichtlich durchsetzen und sogar im Wege der Zwangsvollstreckung beitreiben.

Zivilrechtliche Ansprüche können sich zum Beispiel daraus ergeben, dass der eine dem anderen einen Schaden zufügt, indem er ihn grob fahrlässig oder vorsätzlich verletzt oder seine Sachen beschädigt. Wer Schulden des Partners begleicht, etwa als Bürge oder „einfach so", kann verlangen, dass der Partner ihm die Aufwendungen ausgleicht. Das gilt grundsätzlich auch, wenn die Partner gemeinsame Schulden haben:

Nehmen zwei Personen ein Darlehen auf, sind sie im Innenverhältnis einander je hälftig zur Zinszahlung und Tilgung verpflichtet. Wer mehr zahlt als der andere, kann vom anderen Ersatz verlangen (zum Gesamtschuldnerausgleich mehr ab S. 109). Solange die Lebensgemeinschaft intakt ist, wird das allerdings selten passieren. Die Darlehenszahlungen sind nur einer von diversen Posten der ehelichen Haushaltsführung. Für Eheleute ist sogar ausdrücklich geregelt, dass ein Ehepartner keinen Ausgleich verlangen kann, wenn er mehr zum Unterhalt beiträgt als der andere (§ 1360 b BGB). Helena muss sich also nicht an den bereits beglichenen Raten beteiligen. Für die Zukunft kann Alexander hingegen verlangen, dass sie die Pkw-Raten mitbezahlt. Auch nach einer Trennung, der Beendigung der ehelichen Lebensgemeinschaft, könnte Helena nicht mehr erwarten, dass Alexander die Darlehensraten allein begleicht.

Wollte ein Partner seine Ansprüche wirklich gegen den anderen durchsetzen, verhieße das nicht Gutes für ihre Ehe. Das Problem: Zivilrechtliche Ansprüche verjähren binnen drei Jahren ab dem Ende des Jahres, in dem sie entstanden sind. Um Ehegatten nicht dazu zu zwingen, etwaige Ansprüche während der bestehenden Ehe einklagen zu müssen, hat der Gesetzgeber in § 207 BGB geregelt, dass die Verjährung von Ansprüchen eines Ehepartners gegen den anderen erst mit der Auflösung der Ehe, also der Rechtskraft der Ehescheidung, beginnt.

Verjährung

§ 207 BGB wird nicht auf nichteheliche Lebensgemeinschaften entsprechend angewendet. Hier verjähren zivilrechtliche Ansprüche also binnen drei Jahren ab dem Ende des Jahres, in dem sie entstanden sind, unabhängig davon, ob die Partnerschaft noch besteht oder nicht.

d) Familienplanung

Zu den wichtigsten Fragen, über die sich die Partner verständigen müssen, gehört die der Familienplanung.

Alexander und Helena möchten Kinder. Nach einer Weile überlegt Helena es sich aber anders und erklärt Alexander, dass sie nicht vorhabe, die Pille abzusetzen.

Der Kinderwunsch ist eine Frage aus dem Intimbereich der Eheleute und deshalb nicht justiziabel, also nicht durch ein Gericht überprüfbar. Wenn ein Partner unbedingt Kinder haben möchte und irgendwann feststellt, dass der andere sich nicht an die frühere Absprache halten möchte, kann das für ihn in persönlicher und menschlicher Hinsicht eine Katastrophe sein. Er kann seine Vorstellungen aber nicht gerichtlich gegenüber dem Partner durchsetzen. Alexander bleibt folglich nichts anderes übrig, als weiter Überzeugungsarbeit zu leisten, sich zu fügen oder sich von Helena zu trennen. Schadensersatzansprüche für vermeintlich vertane Lebenszeit und Investitionen in die Beziehung mit Helena, die sich nunmehr für ihn als sinnlos entpuppt haben, kann er hieraus nicht herleiten. Anders wäre es gegebenenfalls, wenn Helena Alexander bei Eingehung der Ehe belogen hätte, als sie ihm sagte, auch sie wolle Kinder. Wenn Alexander nachweisen könnte, dass für ihn der Kinderwunsch eine zentrale Frage bei der Eheschließung gewesen ist – das ist natürlich in der Praxis kaum machbar – läge hierin ein Eheaufhebungsgrund.

Eine andere Sachverhaltsvariante: Alexander und Helena wollten beide keine Kinder. Helena überlegt es sich aber anders. Weil sie weiß, dass Alexanders Entscheidung nach wie vor feststeht, lässt sie ihn in dem Glauben, sie würde immer noch verhüten, und setzt heimlich die Pille ab. Als sie schwanger wird, beichtet sie alles. Alexander ist stinksauer und schreit sie an, er werde keinen Cent Unterhalt für das Kind zahlen. Das sei allein ihre Sache.

02

Helena hat Alexanders Vertrauen aufs Schwerste enttäuscht und massiv gegen ihre Verpflichtung zur ehelichen Lebensgemeinschaft verstoßen. Über eine solch wichtige Entscheidung muss man den Partner informieren. Auch hat sie Alexander schweren finanziellen Schaden zugefügt, denn er ist verpflichtet, Kindesunterhalt zu zahlen, und zwar bis zum Ende der Ausbildung des ungewollten Kindes. Alexander hat aber dennoch keinen Anspruch auf Schadensersatz oder auf Freistellung vom Kindesunterhalt, selbst wenn das noch so ungerecht scheint. Der Kinderwunsch ist eine höchstpersönliche Frage und verbietet selbst bei einer egoistischen Entscheidung zulasten des Partners juristische Sanktionen.

e) Die „Schlüsselgewalt"

Jeder Ehegatte bleibt auch nach der Eheschließung Herr seines Vermögens und seiner Schulden. Grundsätzlich darf auch kein Ehepartner den anderen gesetzlich vertreten, kann im Namen des anderen daher nur dann Erklärungen abgeben, wenn er dessen gesetzlicher Betreuer ist oder von ihm ausdrücklich bevollmächtigt wurde (siehe unten S. 148 f.). In Alltagsdingen gilt allerdings eine wichtige Ausnahme von diesem Grundsatz: Ein Ehegatte darf in bestimmten Fällen Verträge schließen, die nicht nur ihn selbst verpflichten, sondern auch den anderen Ehepartner, selbst wenn dieser vom Vertragsschluss gar nichts mitbekommen hat.

Helena hält nichts von Videospielen, Alexander schon. Er bestellt sich eine gut erhaltene historische Spielkonsole für 500 Euro. Helena ist sauer und findet, Alexander hätte dies mit ihr absprechen müssen. Alexander reagiert verschnupft: Beide verdienen gutes Geld und da dürfe man sich auch mal etwas leisten. Helena legt Alexander tags darauf eine Rechnung über 3.000 Euro für einen neuen Esszimmertisch mit Stühlen vor, diese möge er doch bitte bezahlen. Die alte Garnitur sei kaputt und es müsse eine neue her. Alexander sieht zwar ein, dass die Möbel tatsächlich erheblich abgenutzt waren, findet aber, Helena hätte ihn genauso fragen müssen. Sie solle die Rechnung selbst bezahlen.

Helena mag sich zwar ärgern, dass Alexander anderen Hobbys frönt als sie, mit seinem eigenen Geld kann er aber machen, was er möchte. Das gilt umgekehrt auch für Helena: Wenn sie sich eine neue Esszimmergarnitur kaufen möchte, darf sie das tun. Das Problem dieses kleinen Falles ist aber, dass Helena nicht selbst bezahlen möchte, sondern Alexander für die Anschaffung aufkommen soll.

Wer einen Kaufvertrag schließt, verpflichtet sich dazu, dem Verkäufer den Kaufpreis zu zahlen. Ein Verkäufer kann grundsätzlich nur von seinen Käufern das Geld verlangen, nicht von einem Dritten. Alexander hat weder den Kaufvertrag selbst unterzeichnet noch hat er Helena eine Vollmacht erteilt, dies für ihn zu tun.

Aber: Ein Ehegatte kann den anderen Ehegatten ohne oder sogar gegen dessen Willen bei Geschäften zur Deckung des täglichen Lebens mit zum Schuldner machen:

§ 1357 Abs. 1 BGB:
Jeder Ehegatte ist berechtigt, Geschäfte zur angemessenen Deckung des Lebensbedarfs der Familie mit Wirkung auch für den anderen Ehegatten zu besorgen. Durch solche Geschäfte werden beide Ehegatten berechtigt und verpflichtet […].

Diese Möglichkeit, Geschäfte des täglichen Lebens auch mit Wirkung für den anderen abzuschließen, wird Schlüsselgewalt genannt. Sie soll vor allem den haushaltsführenden Ehepartner davor schützen, wegen jeder Selbstverständlichkeit beim Ehepartner nachfragen zu müssen. Die Schlüsselgewalt soll nur für Geschäfte gelten, die sich wirtschaftlich im Rahmen des Üblichen bewegen und bei denen man davon ausgehen kann, dass der andere Partner nicht unbedingt konsultiert werden muss. Ob Helena hier tatsächlich berechtigt war, eine neue Esszimmergarnitur anzuschaffen, hängt davon ab, ob die Anschaffung zur Deckung ihres gemeinsamen angemessenen Lebensbedarfs diente.

Es gibt keine allgemeingültige Regel, ab wann oder bis zu welcher Grenze ein Geschäft noch „angemessen" sein kann. Das Geschäft muss den Verbrauchsgewohnheiten einer Familie in vergleichbarer sozialer Lage entsprechen, darf diese aber durchaus auch überschreiten, wenn das dem Konsumstil der jeweiligen Familie entspricht. Geben Alexander und Helena also für bestimmte Verbrauchsgüter mehr Geld aus als andere Paare ihrer sozialen Schicht oder leben sie regelmäßig über ihre Verhältnisse, bestimmt sich danach auch ihr angemessener Lebensbedarf.

Angemessener
Lebensbedarf

02

Beispiele für Haushaltsgeschäfte sind der Kauf von Lebensmitteln, notwendigen Kleidungsstücken, Heizmaterial, Haushaltsgeräten, Schulbüchern und Lernmaterialien im üblichen Umfang, sonstige Ausgaben für die Kindererziehung, die Begleichung von Arztrechnungen, der Abschluss von Telefon- und Energielieferungsverträgen, die Buchung einer Urlaubsreise im üblichen Umfang und die Beauftragung von Handwerkern für Reparaturarbeiten an der Ehewohnung.

Beispiele für Haushaltsgeschäfte

Auch der Kauf von Einrichtungsgegenständen fällt unter die Schlüsselgewalt, insbesondere der Ersatz von unbrauchbar gewordenen Gegenständen, nicht jedoch der Kauf einer kompletten Wohnungseinrichtung. Hier war die Esszimmergarnitur zwar noch nicht unbrauchbar geworden, aber erheblich abgenutzt. Für Möbel 3.000 Euro auszugeben, ist für eine Familie mit gutem Einkommen vielleicht keine alltägliche Angelegenheit, aber auch kein Akt, der zwingend eine ausführliche Diskussion und Entscheidungsfindung erfordert. Helena konnte Alexander also mitverpflichten. Der Verkäufer kann von Alexander und Helena gleichermaßen verlangen, dass sie die Rechnung für die Esszimmergarnitur bezahlen; sie sind seine Gesamtschuldner.

Grundlagen- und Investitionsgeschäfte

Wären Alexander und Helena allerdings nicht in der Lage, die 3.000 Euro aufzubringen, ohne Rücklagen zu bilden oder auf eine langfristige Geldanlage zurückzugreifen, könnten die Grenzen der Schlüsselgewalt überschritten sein. Sogenannte Grundlagen- und Investitionsgeschäfte fallen nämlich nie unter die Schlüsselgewalt. Das sind beispielsweise Darlehensverträge, Geschäfte zur Vermögensbildung, langfristige Miet- und Pachtverträge, die Anschaffung eines Haustiers oder Bauverträge über ein Wohnhaus. Sie sind selbst dann „der Rede wert", wenn sie den üblichen Verbrauchsgewohnheiten der Eheleute entsprechen sollten. Das gilt auch für Kleindarlehen oder Null-Prozent-Finanzierungen von Möbel- oder Elektronikmärkten.

Es kommt bei der Schlüsselgewalt nicht darauf an, ob es sich um eine „sinnvolle" Anschaffung handelt oder der Kauf allein der Unterhaltung dient.

Alexander ist bockig, weil er die Esszimmergarnitur mitbezahlen soll, und bezahlt jetzt auch die Rechnung seiner Konsole nicht. Der Händler wendet sich an Helena. Mit Erfolg?

Gegenstände für den persönlichen Gebrauch

Würden Alexander und Helena beide Videospiele spielen und beide die Spielkonsolen und Computer nutzen, läge der Fall exakt wie bei der Esszimmergarnitur. Hier ist es aber anders: Alexander mag Videospiele, Helena nicht. Er hat die Konsole also nur für sich gekauft, nicht für die Lebensgemeinschaft. Dinge, die nur dem persönlichen Gebrauch eines Ehegatten dienen, decken nicht den Lebensbedarf der Familie. § 1357 BGB ist folglich nicht anwendbar. Helena muss also nichts bezahlen.

Beschränkung der Schlüsselgewalt

Die Schüsselgewalt kann beschränkt werden, während die Lebensgemeinschaft besteht. Möglich ist dies aber nur dann, wenn ein Ehegatte zu ihrer Ausübung nicht fähig ist oder gute Gründe gegen seinen guten Willen sprechen. Die Beschränkung muss auf öffentlich beglaubigten Antrag eines Ehegatten im Güterrechtsregister eingetragen oder dem Dritten bekanntgegeben werden. Wenn der andere Partner mit der Beschränkung nicht einverstanden ist, kann er sich dagegen beim Familiengericht wehren.

Die Schlüsselgewalt endet mit der Trennung der Ehegatten.

f) Haftung der Ehegatten: das Familienprivileg

Ehepartner haften nicht für vertragliche Schulden ihres Partners mit. Sie haften auch dann nicht mit, wenn ihr Ehepartner einem Dritten einen Schaden zufügt. Denkbar ist aber natürlich, dass man die versicherungsrechtlichen Folgen mittragen muss, wenn aufgrund eines vom Partner verursachten Schadens die Prämien der Haftpflichtversicherung steigen, in welcher man mitversichert ist, oder der Versicherer gar den Vertrag kündigt.

Was aber, wenn ein Partner den anderen oder dessen Sachen (be)schädigt?

Helena schließt nach einem gemeinsamen Einkauf die Haustür hinter sich und klemmt dem hinter ihr gehenden Alexander versehentlich den Finger ein. Sie fährt schnell das Auto aus der Garage, um Alexander ins Krankenhaus zu fahren, und rollt ihm dabei über den Fuß.

Ehegatten haften einander nur für grobe Fahrlässigkeit und Vorsatz. Für leicht fahrlässige Pflichtverletzungen muss ein Partner dann nicht einstehen, wenn der andere in seinen eigenen Angelegenheiten auch nicht sorgfältiger zu handeln pflegt (§§ 1359, 277 BGB).

Das Haftungsprivileg der Sorgfalt in eigenen Angelegenheiten gilt laut Bundesgerichtshof auch für nichteheliche Partner. Der Grund: Streitigkeiten über die Verantwortung für Schadenszufügungen stören den häuslichen Frieden zwischen Partnern einer nichtehelichen Lebensgemeinschaft ebenso wie den zwischen Ehegatten.

Dieses Familienprivileg gilt nicht nur für Ansprüche aus dem materiellen Recht oder hinsichtlich der Absprachen, welche die Partner für ihre Lebensgemeinschaft vereinbart haben, sondern auch im Bereich deliktischer Haftung, zum Beispiel für Sachbeschädigungen oder Körperverletzungen zum Nachteil des Partners. Ausgenommen ist allerdings schuldhaftes Verhalten im Straßenverkehr. Das Verkehrsrecht lässt nach der Rechtsprechung keinen Spielraum für individuelle Sorglosigkeit.

Für unseren Fall bedeutet das: Helena muss für das versehentliche Einklemmen des Fingers keinen Schadensersatz leisten, für das Überrollen von Alexanders Fuß aber schon.

Es ist unwahrscheinlich, dass Alexander Helena persönlich belangt. Schadenversicherer, die einen Sachschaden oder Arztkosten wegen Körperverletzung decken müssen, können sich jedoch wegen ihrer Kosten an den Schädiger oder dessen Haftpflichtversicherer wenden. Soweit ein Versicherer einen versicherten Schaden reguliert, gehen die Schadensersatzansprüche nämlich grundsätzlich auf ihn über (§ 86 Abs. 1 VVG). Das gilt aber nicht, wenn sich der Ersatzanspruch des Versicherungsnehmers gegen eine Person richtet, mit der er bei Eintritt des Schadens in häuslicher Gemeinschaft lebt. Dabei ist unerheblich, ob es sich um Verwandte, Verschwägerte, Ehepartner oder nichteheliche Partner handelt. Helena wird wegen der Verletzung des Fingers also auch nicht von Alexanders Krankenversicherung in Anspruch genommen. Anders sieht es in Bezug auf den überrollten Fuß aus. Hier

wird Alexanders Krankenversicherung ihre Kosten bei Helenas
Kfz-Haftpflichtversicherer geltend machen.

g) Eigentumsvermutung in der Zwangsvollstreckung

Alexander bezahlt die Spielkonsole trotz mehrfacher Mahnun-
gen nicht, sodass der Händler ein Mahnverfahren einleitet und
eines Tages den Gerichtsvollzieher mit einem Pfändungs- und Überwei-
sungsbeschluss zu ihm schickt. Als dieser klingelt, trifft er nur Helena an.
Sie ist in Hochstimmung, weil sie sich vor kurzem ein neues Auto gekauft
hat, das in den Farben ihres Lieblingsvereins lackiert ist: blau-weiß.
Sie lässt den Gerichtsvollzieher in die Wohnung und zeigt ihm gleich
Alexanders Sachen, die der Gerichtsvollzieher aber als nicht pfändungs-
würdig erachtet. Als sein Blick auf die Garage fällt, in der Helenas Auto
steht, hellt sich seine Miene auf. Helena wird nervös. Sie zeigt ihm den
Fahrzeugbrief, der auf sie ausgestellt ist. Sie zeigt ihm den Kaufvertrag,
den sie allein unterzeichnet hat. Sie zeigt ihm auch einen Kontoauszug,
aus dem sich ergibt, dass sie (und nicht etwa Alexander) die Zahlung
geleistet hat. Dem Gerichtsvollzieher ist all das egal: Er lässt das Fahrzeug
abschleppen und hinterher versteigern. Zu Recht?

Lassen sich Mandanten über Sinn und Zweck eines Ehevertrages beraten, äußern sie sehr häufig die Sorge, dass sie für private oder Geschäftsschulden des anderen mithaften könnten.
Damit haben sie nicht völlig Unrecht. Sie haften zwar nicht
im zivilrechtlichen Sinne mit, es kann aber passieren, dass
ihre Sachen im Fall der Pfändung gegen den anderen Partner
ebenfalls gefährdet sind. Das Kuriose: Sie sind weit gefährde-
ter als unverheiratete Partner!

Leben zwei Menschen zusammen, kann ein Gläubiger nicht
ohne Weiteres wissen, was seinem Schuldner gehört und was
dessen Partner. Pfändet er Sachen, die dem Partner gehören,
kann dieser sich vor Gericht wehren, was den Gläubiger Zeit
und Geld kostet. Das gerichtliche Verteidigungsmittel gegen
eine unberechtigte Zwangsvollstreckung nennt man Drittwi-
derspruchsklage (§ 771 ZPO). Sie hat dann Erfolg, wenn der
Partner des Schuldners nachweisen kann, dass ihm an der

gepfändeten Sache „ein die Veräußerung hinderndes Recht"
zusteht. Dazu genügt es, dass ihm die Sache zumindest mitgehört. Das kann man bei vielen Gegenständen häufig nicht
ohne Weiteres beweisen: Wer hebt schon über Jahre lückenlos sämtliche Kaufverträge, Quittungen und Rechnungen auf?

Auch bei einem Pkw fällt der Nachweis nicht leicht: Der Kfz-
Brief wird häufig als Beweismittel angesehen, hilft aber kaum;
er besagt lediglich, wer öffentlich-rechtlich für den Pkw verantwortlich ist. Selbst „Familienkutschen" können immer nur
auf einen der Ehegatten eingetragen sein. Wer von ihnen den
Pkw auf sich anmeldet, kann auch versicherungsrechtliche
Gründe haben, zum Beispiel den, in den Genuss der Scha-
densfreiheitsklasse des Partners zu kommen und so Geld
zu sparen. Ein gutes Indiz für die Eigentümerstellung kann
sein, wer den Kaufvertrag unterschrieben hat und auf wen
die Rechnung ausgestellt ist. Es kommt aber auch gar nicht
so selten vor, dass jemand auf Geheiß des Partners und mit
dessen Geld einen Autokauf tätigt. Bei begüterten Ehegatten
muss auch daran gedacht werden, dass es sich bei dem Kauf
um ein Geschäft im Rahmen der Schüsselgewalt (siehe oben)
handeln kann. Dann wären automatisch beide aus dem Kaufvertrag berechtigt und verpflichtet.

Falls von einem Dritten angezweifelt wird, dass Helena (Mit-)
Eigentümerin des Pkw ist, kann sie sich auf eine gesetzliche
Vermutung berufen: Nach §§ 1006, 1008 BGB darf man davon ausgehen, dass jemand, der (Mit-)Besitz an einer Sache
hat, auch zugleich (Mit-)Eigentümer ist. Helena müsste also
gar nicht nachweisen, dass ihr das Auto wirklich gehört, sie
müsste sich nur darauf berufen, dass der Pkw in ihrer Garage
geparkt ist. Besitz im Rechtssinne ist nämlich die tatsächliche
Herrschaft über eine Sache: Besitzer ist, vereinfacht gesagt,
derjenige, der die Sache hat. Haben zwei Personen die Sach-
herrschaft inne, sind sie Mitbesitzer. Besitzen beispielsweise

zwei Personen eine Garage, sind sie Mitbesitzer an dem darin geparkten Pkw.

Das klingt, als könnte sich Helena mit diesem Argument erfolgreich gegen die Pfändung des Autos wehren. Doch das Gegenteil ist der Fall. Im Zwangsvollstreckungsrecht wird der Spieß zulasten des Ehegatten eines Schuldners nämlich umgedreht:

§ 1362 BGB Eigentumsvermutung

(1) Zugunsten der Gläubiger des Mannes und der Gläubiger der Frau wird vermutet, dass die im Besitz eines Ehegatten oder beider Ehegatten befindlichen beweglichen Sachen dem Schuldner gehören. Diese Vermutung gilt nicht, wenn die Ehegatten getrennt leben und sich die Sachen im Besitz des Ehegatten befinden, der nicht Schuldner ist. [...]

(2) Für die ausschließlich zum persönlichen Gebrauch eines Ehegatten bestimmten Sachen wird im Verhältnis der Ehegatten zueinander und zu den Gläubigern vermutet, dass sie dem Ehegatten gehören, für dessen Gebrauch sie bestimmt sind.

Diese Vorschrift will den Gläubigern von Eheleuten den Zugriff auf deren Vermögen erleichtern, weil der gemeinsame Haushalt nach Meinung des Gesetzgebers die eindeutige Zuordnung der einzelnen Gegenstände zum Eigentum des Mannes oder der Frau noch schwerer macht als bei nichtehelichen Lebensgefährten. In der Tat kommt es häufig vor, dass Ehegatten aufgrund ihrer besonderen Bindungen versuchen, den Zugriff auf das Vermögen eines Partners kurzerhand durch Vermögensverschiebungen ins Leere laufen zu lassen.

Wegen § 1362 Abs. 1 BGB dürfen Gläubiger daher unterstellen, dass Sachen, die sich im Mitbesitz beider Partner befinden, ihrem Schuldner allein gehören und wegen § 739 ZPO auch die Zwangsvollstreckung in diese Gegenstände betreiben. Es kommt dabei nicht darauf an, wann der gepfändete Gegenstand angeschafft wurde. Wichtig ist nur, dass die

Eheleute bei der Pfändung verheiratet waren. Der Gläubiger könnte also selbst dann in Helenas Pkw vollstrecken, wenn Alexander die Konsole noch vor der Heirat gekauft hätte.

Das gilt unabhängig davon, welchen Güterstand die Eheleute für ihre Ehe gewählt haben. Der Wechsel zur Gütertrennung bietet also überhaupt keinen Schutz. Lassen Sie sich also keinen Ehevertrag andrehen, nur um vor Schulden des Partners abgesichert zu sein!

Helena hätte nur eine Chance, die Pfändung ihres Autos zu verhindern, wenn sie nachweisen könnte, dass der Pkw zu ihrem alleinigen Gebrauch bestimmt ist, § 1362 Abs. 2 BGB. Ob er ihr gehört, spielt keine Rolle.

Alleinigen Besitz hat man zum Beispiel an Kleidung, Schmuck (sofern er nicht als Kapitalanlage dient), persönlichen Arbeitsmitteln sowie Sachen, die allein für den Betrieb des Erwerbsgeschäfts eines Ehepartners bestimmt sind.

Selbst wenn Alexander und Helena mehrere Pkw hätten, jeder von ihnen einen, bedeutete das keineswegs zwingend, dass jeder immer nur seinen Wagen nutzt und niemals den des anderen. Von einem Gerichtsvollzieher kann nicht erwartet werden, all das zu überprüfen oder – um auf ein weiteres Detail des Beispiels zurückzukommen – gar zu beachten, welcher Ehegatte Fan von welchem Verein ist. Und selbst wenn: Könnte er davon ausgehen, dass Alexander niemals einen Pkw nutzen würde, der in den falschen Vereinsfarben lackiert ist? Ein Kraftfahrzeug, das sich im Besitz sowohl des Zwangsvollstreckungsschuldners als auch seiner Ehefrau befindet, kann also gepfändet und verwertet werden (LG Oldenburg, Beschluss vom 24.02.2009, Az. 6 T 1172/08).

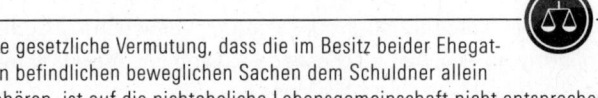

Die gesetzliche Vermutung, dass die im Besitz beider Ehegatten befindlichen beweglichen Sachen dem Schuldner allein gehören, ist auf die nichteheliche Lebensgemeinschaft nicht entsprechend anzuwenden (BGH, Urteil vom 14.12.2006, Az. IX ZR 92/05).

02

Wer die Vermutung des § 1362 BGB zuverlässig verhindern möchte, hat letztlich nur die Wahl, nicht zu heiraten oder nach einer Heirat strikt voneinander getrennt zu wohnen.

Die Vermutung des § 1362 BGB endet erst, wenn die Eheleute dauerhaft räumlich getrennt leben und der eine Partner keinen Zugang zu den Sachen mehr hat, die sich im Besitz des anderen befinden. Leben die Partner innerhalb derselben Wohnung getrennt, greift § 1362 BGB weiterhin ein.

h) Die Familienversicherung

Kurz nach Beendigung ihres Studiums wird Helena schwanger. Kann sie sich beim gesetzlich krankenversicherten Alexander mitversichern lassen? Sie verfügt über keine eigenen Einnahmen. Wäre es für sie mit Blick auf die Krankenversicherung wirtschaftlich günstig zu heiraten?

Nach § 10 SGB V können Ehegatten, eingetragene Lebenspartner und Kinder sowie Kindeskinder eines Versicherten unter bestimmten Voraussetzungen beitragsfrei mitversichert werden (Familienversicherung). Das hängt unter anderem vom Alter und Einkommen der Familienangehörigen ab.

Beitragsfrei mitversichern können sich Familienangehörige, wenn sie

Wer sich mitversichern kann

- ihren Wohnsitz oder gewöhnlichen Aufenthalt in Deutschland haben,
- nicht selbst Mitglied einer Krankenkasse sind und

• nicht versicherungsfrei oder von der Versicherung befreit sind (zum Beispiel als besser verdienende Arbeitnehmer oder Beamte).

Einer Mitversicherung steht es nicht entgegen, wenn die mitzuversichernde Person aufgrund einer geringfügigen Beschäftigung versicherungsfrei ist.

Die Familienversicherung gilt nicht für Personen, die hauptberuflich selbstständig tätig sind. Man darf außerdem kein Gesamteinkommen haben, das regelmäßig im Monat ein Siebtel der monatlichen Bezugsgröße überschreitet. Das war im Jahr 2014 ein Betrag von 395 Euro, im Jahr 2015 sind es 405 Euro. Übt der Familienangehörige eine geringfügige Beschäftigung aus, liegt die Grenze bei 450 Euro.

Kosten bei eigener Krankenversicherung

Wenn Helena eine eigene Mitgliedschaft in einer gesetzlichen Krankenversicherung begründet, muss sie Beiträge in Höhe von 14,6 % ihres Bruttoeinkommens bezahlen, wenn kein Zusatzbeitrag anfällt. Hinzu kommt der Beitrag zur gesetzlichen Pflegeversicherung, der seit dem 01.01.2015 bei 2,35 % liegt (bei Kinderlosen über 23 Jahre sind es 2,6 %). Da Helena über keine eigenen Einnahmen verfügt, wird unterstellt, dass sie Einnahmen von einem Drittel der Bezugsgröße hat. Als Bezugsgröße bezeichnet man das Durchschnittsentgelt der gesetzlichen Rentenversicherung im zurückliegenden Kalenderjahr. Es wird für jedes Jahr durch das Bundesministerium für Arbeit und Soziales errechnet und veröffentlicht. Im Jahr 2014 lag der Betrag bei monatlich 2.765 Euro, 2015 sind es 2.835 Euro. Bei Helena würde man also von einem Einkommen von 945 Euro ausgehen. Für ihre Krankenversicherung müsste Helena 137,97 Euro bezahlen. Hinzu kämen noch 22,21 Euro für die Pflegeversicherung. Diese 160,18 Euro könnte sie sparen,

wenn sie sich bei Alexander mitversichern ließe. Dazu müssten die beiden aber verheiratet sein.

Das gemeinsame Kind von Alexander und Helena kann in jedem Fall bei Alexander mitversichert werden. Anders wäre
das nur, wenn ein Elternteil in der gesetzlichen Krankenversicherung versichert wäre und der andere in der privaten Krankenversicherung. Liegt in einem solchen Fall das Einkommen
des privat versicherten Elternteils über dem Einkommen des
gesetzlich versicherten und beträgt es monatlich rund 4.500
Euro, ist eine Mitversicherung nicht möglich.

Mitversicherung von Kindern

Wird die Ehe geschieden, endet die Familienversicherung für
den mitversicherten Ehegatten mit Rechtskraft des Scheidungsbeschlusses. Sein Versicherungsverhältnis wird aber als
freiwillige Mitgliedschaft weitergeführt, es sei denn, er erklärt
ausdrücklich seinen Austritt aus der
Krankenkasse. Das muss binnen zwei
Wochen nach einem entsprechenden
Hinweis der Krankenkasse geschehen
und ist nur möglich, wenn man nach-
weist, anderweitig krankenversichert zu
sein.

Ende der Familien-versicherung

Wäre Alexander privat krankenversichert, könnte er Helena auch im Falle der
Heirat nicht beitragsfrei mitversichern.
Jedes Familienmitglied muss vielmehr
einen eigenen Vertrag schließen und
dafür auch Versicherungsprämien bezahlen.

Vorsicht

Wenn Sie Ihre Kinder nicht sofort nach der Geburt privat versichern, sondern erst später, müssen Sie bedenken, dass Sie für jedes Kind Gesundheitsfragen beantworten müssen: Haben die gesetzlich vorgeschriebenen U-Untersuchungen gesundheitliche Probleme des Kindes ergeben, müssen Sie diese unbedingt im Antrag angeben. Im Leistungsfall bemerkt der Versicherer diese Diagnosen ohnehin und kann bei falschen Angaben die Prämien oder Vertragsbedingungen anpassen, vom Vertrag zurücktreten oder ihn gar wegen arglistiger Täuschung anfechten.

i) Privatversicherungen

Wer zum Beispiel eine private Haftpflichtversicherung, eine Unfallversicherung, eine Rechtsschutzversicherung oder eine Lebensversicherung abschließt, will sich für bestimmte Risiken absichern und zahlt hierfür eine Versicherungsprämie.

Es ist aber auch möglich, einen Versicherungsvertrag nicht (nur) für sich abzuschließen, sondern (auch) für einen anderen. In der Praxis kommt das regelmäßig vor, etwa wenn ein Kind oder der Ehegatte des Versicherungsnehmers eine private Krankenversicherung benötigt, aber selbst nicht über ausreichende Einkünfte verfügt, oder der Ehegatte oder die Kinder des Versicherungsnehmers sind in der privaten Haftpflichtversicherung oder der Familienrechtsschutzversicherung mitversichert. In diesen Fällen schließt das verdienende Familienmitglied den Vertrag mit der Versicherung, ist also Versicherungsnehmer und Prämienschuldner. Das andere Familienmitglied ist (mit)versichert und profitiert von den Leistungen des Versicherers, ohne selbst Versicherungsnehmer zu sein.

Wer im Versicherungsvertrag hinsichtlich welcher Leistungen mitversichert ist, ergibt sich aus den Allgemeinen Versicherungsbedingungen. Diese unterscheiden sich teilweise erheblich von Versicherer zu Versicherer. Erkundigen Sie sich insbesondere bei Ihrem privaten Haftpflichtversicherer, ob und in welchem Umfang Ihre Kinder dort mitversichert sind.

Auch nichteheliche Lebensgefährten können in manchen Versicherungsschutz mit aufgenommen werden, zum Beispiel in eine Hausratsversicherung für die gemeinsam genutzte Wohnung.

Ende der Mitversicherung

Die Mitversicherung endet in der Regel mit der Trennung des Paares oder der Scheidung. Zieht der Versicherungsnehmer einer Hausratsversicherung aus dem versicherten Objekt aus, nimmt er die Versicherung mit. Der mitversicherte Partner muss sich nun selbst versichern.

Falls bei einer Lebens- oder Rentenversicherung der Versicherungsnehmer seinen Partner zum Bezugsberechtigten eingesetzt hat, kann er das jederzeit ändern, nicht erst im Trennungsfall. Bei einer privaten Haftpflichtversicherung oder Rechtsschutzversicherung endet der Versicherungsschutz des Mitversicherten spätestens mit der Scheidung, kann aber schon vorher erlöschen, wenn der Versicherungsnehmer die Mitversicherung kündigt. Hier ist Vorsicht geboten, da der Mitversicherte dies womöglich gar nicht mitbekommt.

EHESCHEIDUNG

a) Scheidungsvoraussetzungen

Eine Ehe kann geschieden werden, wenn sie gescheitert ist. Das ist der Fall, wenn die eheliche Lebensgemeinschaft nicht mehr besteht und nicht zu erwarten ist, dass die Ehegatten sie wiederherstellen (§ 1565 Abs. 1 BGB).

Ob diese Voraussetzungen vorliegen, überprüft das Gericht nicht im Detail, wenn

- die Ehegatten seit einem Jahr getrennt leben und beide die Scheidung beantragen oder der Antragsgegner der Scheidung zustimmt (§ 1566 Abs. 1 BGB) oder
- wenn die Ehegatten seit drei Jahren getrennt leben (§ 1566 Abs. 2 BGB).

Sind die Ehegatten sich nicht einig darüber, ob die Ehe gescheitert ist und liegt zudem die Trennung noch keine drei Jahre zurück, muss das Gericht doch im Einzelnen ermitteln, ob und seit wann die eheliche Lebensgemeinschaft beendet ist (= „Diagnose") und ob eine Fortsetzung noch denkbar ist

(= „Prognose"). In der Praxis sprechen die Gerichte oft auch gegen den Willen des widersprechenden Ehegatten die Scheidung aus, wenn der Antragsteller im Scheidungstermin glaubhaft erklären kann, warum er davon ausgeht, dass es nicht mehr zu einer Wiederherstellung des ehelichen Lebens kommen wird. Eine Wiederherstellung der Ehe ist nämlich auch dann nicht zu erwarten, wenn ein Ehegatte sich endgültig vom anderen abgewandt hat.

Eine Scheidung vor Ablauf des Trennungsjahres ist nur unter ganz bestimmten Voraussetzungen zulässig, die das Gericht nicht einfach als gegeben unterstellen darf. Insbesondere muss es dem Antragsteller unzumutbar sein, das Trennungsjahr abzuwarten.

Es gibt also zusammengefasst vier Scheidungsvarianten:

- Scheidung vor Ablauf des Trennungsjahres
- einverständliche Scheidung nach Ablauf des Trennungsjahres
- streitige Scheidung nach Ablauf des Trennungsjahres
- Scheidung nach dreijähriger Trennungszeit.

b) Scheidungsverfahren

Helena bleibt mit den gemeinsamen Kindern in der ehelichen Wohnung in Bonn, während Alexander nach Düsseldorf zieht. Helena möchte den Scheidungsantrag stellen.

Zuständiges Familiengericht

Für sämtliche Streitigkeiten im Zusammenhang mit der Aufhebung oder Scheidung einer Ehe sind in erster Instanz die Familiengerichte zuständig, das sind auf Familiensachen spezialisierte Abteilungen der Amtsgerichte. Welches Familiengericht örtlich zuständig ist, richtet sich in der Regel nach dem Lebensmittelpunkt, dem gewöhnlichen Aufenthalt der Betei-

ligten. Auf den Wohnsitz im Sinne des Melderechts kommt es
hingegen nicht an.

Primär zuständig für das Scheidungsverfahren ist das Gericht,
in dessen Bezirk einer der Ehegatten mit allen gemeinschaftlichen minderjährigen Kindern seinen gewöhnlichen Aufenthalt
hat. Ein Kind hat seinen gewöhnlichen Aufenthalt bei dem Elternteil, in dessen Obhut es sich befindet, selbst wenn dieser
ohne Absprache oder gar gegen den Willen des anderen Elternteils mit dem Kind weggezogen ist. Haben die Ehegatten
keine Kinder oder haben sie die Kinder unter sich „aufgeteilt",
ist das Gericht am letzten gemeinsamen gewöhnlichen Aufenthaltsort der Ehegatten zuständig, sofern einer der Ehegatten bei Eintritt der Rechtshängigkeit (also bei Zustellung des
Scheidungsantrags an den anderen Ehegatten) dort noch seinen gewöhnlichen Aufenthalt hat.

02

Im Beispiel richtet sich der gewöhnliche Aufenthalt nach
dem Aufenthalt der Kinder (Bonn). Falls Alexander und Helena keine Kinder hätten, wäre immer noch das Bonner Familiengericht zuständig, weil Helena im Bezirk des Gerichts der
Ehewohnung geblieben ist. Haben die beteiligten Ehegatten
keine Kinder und haben beide den Bezirk der letzten ehelichen
Wohnung verlassen, muss das Verfahren am gewöhnlichen
Aufenthaltsort des Antragsgegners geführt werden, in unserem Fall ist das Düsseldorf.

Im Scheidungsverfahren müssen beide Parteien anwaltlich
vertreten sein. Ein einziger Anwalt genügt nur dann, wenn
sich die Ehegatten über die Scheidung einig sind und nur noch
der Versorgungsausgleich durchgeführt werden muss.

Anwaltszwang

Wollen Sie, dass sich Ihr Ehegatte an den Anwaltskosten des „gemeinsamen" Anwalts beteiligt, müssen Sie dies ausdrücklich vereinbaren.

Sind außer der Scheidung noch andere Familiensachen zu klären, müssen immer beide Ehegatten einen Anwalt beauftragen. Ausnahme ist der Versorgungsausgleich, der vom Gericht betrieben und von wenigen Ausnahmen abgesehen ohne Antrag eines Ehegatten durchgeführt wird. Es ist jedenfalls sinnvoll, sich einen eigenen Anwalt zu nehmen, wenn man sich nicht sicher sein kann, dass der andere Ehegatte das Verfahren auch wirklich zu Ende betreibt. Es kann für diesen nämlich im Einzelfall aus taktischen Gründen sinnvoll sein, seinen Scheidungsantrag rechtzeitig vor der Anhängigkeit von Folgesachen doch wieder zurückzunehmen, um sich hiervon einen Vorteil bei der Berechnung von Zugewinnausgleich, Versorgungsausgleich oder Unterhalt zu verschaffen. Haben beide Partner einen Scheidungsantrag gestellt, kann keiner von ihnen das Verfahren einseitig beenden.

c) Scheidungsverbund

Der sogenannte Scheidungsverbund soll sicherstellen, dass die wichtigsten Scheidungsfolgen zusammen mit der Scheidung geregelt werden und nicht erst viel später. So wird bei einer Scheidung zwingend immer der öffentlich-rechtliche Versorgungsausgleich durchgeführt, also der Ausgleich der Rentenanwartschaften. Im Übrigen gehen in den Verbund solche Familiensachen ein, die von einem Ehegatten rechtzeitig, das heißt mindestens zwei Wochen vor dem Scheidungstermin, anhängig gemacht werden, vorausgesetzt, es ist in dieser Sache eine Entscheidung für den Fall der Scheidung zu treffen. Das sind zum Beispiel

- Sorgerechtsangelegenheiten (dazu mehr in Kapitel 3),
- der nacheheliche Unterhalt (dazu mehr in Kapitel 4),
- Streitigkeiten über Ehewohnung und Hausrat (dazu mehr in Kapitel 5) oder
- Güterrechtssachen (dazu mehr in Kapitel 6).

02

d) Die Entscheidung des Gerichts

Das Gericht entscheidet durch Beschluss. Mit seiner Rechtskraft ist die Ehe aufgelöst (§ 1564 Satz 2 BGB). Gegen Beschlüsse des Familiengerichts ist binnen einem Monat ab Zustellung die Beschwerde zum Oberlandesgericht zulässig. Ist man auch mit der Entscheidung des Oberlandesgerichts unzufrieden, steht einem sodann der Weg der Rechtsbeschwerde zum Bundesgerichtshof offen.

Die Kosten des Scheidungsverfahrens werden in aller Regel gegeneinander aufgehoben. Das bedeutet, dass die Gerichtskosten hälftig geteilt werden und jeder seinen Anwalt selbst bezahlen muss. Das gilt auch bei einvernehmlichen Scheidungsverfahren. Der passive Ehegatte müsste daher nur die hälftigen Gerichtskosten zahlen, nicht jedoch die Kosten des anderen Ehegatten.

Tipp

Wollen Sie nach der Scheidungsverhandlung sofort geschieden sein, müssen Sie auf Rechtsmittel gegen den Scheidungsbeschluss verzichten. Dazu benötigen Sie und Ihr Ehepartner aber beide einen eigenen Anwalt.

03

WENN DIE PARTNER KINDER HABEN

Im Jahr 2013 gab es laut Statistischem Bundesamt in Deutschland ca. 8,1 Millionen Familien mit mindestens einem Kind. 70 % davon waren Ehepaare, 20 % waren alleinerziehend. Die restlichen 10 % entfielen auf nichteheliche oder gleichgeschlechtliche Lebensgemeinschaften. Eltern des Kindes sind die Personen, von denen das Kind abstammt oder die es adoptiert haben. Die Eltern des Kindes haben das Kind zu pflegen und zu erziehen. Sie haben das Recht und die Pflicht zum Umgang.

ABSTAMMUNG

VATERSCHAFT UND MUTTERSCHAFT

Kurz nach der Verlobung im Juli 2014 stellt Helena fest, dass sie von Alexander schwanger ist. Beide überlegen, ob es nicht sinnvoll wäre, die für August 2015 geplante standesamtliche Hochzeit vorzuziehen, um sicherzugehen, dass Alexander gleich als Vater des Kindes registriert wird und auch die elterliche Sorge innehat.

Das Bürgerliche Gesetzbuch definiert in den §§ 1591 und 1592 BGB, wer Mutter und wer Vater eines Kindes ist. Mutter eines Kindes ist danach – wenig überraschend – die Frau, die es geboren hat. Wer Vater des Kindes ist, kann schon komplizierter zu beantworten sein.

Rechtlicher Vater eines Kindes ist der Mann,

- der zum Zeitpunkt der Geburt mit der Mutter des Kindes verheiratet ist,
- der die Vaterschaft anerkannt hat oder
- dessen Vaterschaft gerichtlich festgestellt ist.

Die Vermutung, dass der Ehemann auch zugleich der Vater des Kindes ist, entfällt, wenn das Kind nach Erhebung des Scheidungsantrags in eine Ehe hineingeboren wird und der biologische Vater binnen einem Jahr nach Rechtskraft des Scheidungsbeschlusses seine Vaterschaft anerkennt (§ 1599 Abs. 2 BGB). Der rechtliche Vater und die Mutter des Kindes müssen der Erklärung zustimmen. Diese Erklärungen können beim Jugendamt, einem Notar oder auch beim mit der Scheidungssache befassten Gericht abgegeben werden.

Alexander und Helena wissen beide, dass Alexander der Vater des Kindes ist. Damit ist Alexanders Vaterschaft aber noch nicht im Rechtssinne festgestellt. Die Heirat vor Geburt des

Kindes könnte das Problem lösen, brächte aber den Zeitplan der beiden durcheinander. Wollen sie am Hochzeitstermin festhalten, kann Alexander die Vaterschaft anerkennen.

DIE ANERKENNUNG DER VATERSCHAFT

Eine Anerkennung der Vaterschaft muss öffentlich beurkundet werden. Sie ist auch schon vor der Geburt des Kindes möglich. Die Erklärung ist aber nur wirksam, wenn die Kindesmutter zustimmt.

Anerkennung und Zustimmung können

- vor dem Urkundsbeamten des Jugendamtes oder des Standesamtes am gewöhnlichen Aufenthaltsort des Kindes erklärt werden (vor der Geburt des Kindes gilt Gleiches für den gewöhnlichen Aufenthaltsort der Kindesmutter) oder
- bei einem Notar, Richter oder Urkundsbeamten des Amtsgerichtes in einem Vaterschaftsfeststellungsverfahren oder
- vor einem bevollmächtigten Urkundsbeamten einer deutschen Auslandsvertretung.

Tipp

Sie benötigen für die Vaterschaftsanerkennung einen gültigen Personalausweis oder Reisepass und Ihre eigene Geburtsurkunde. Wird die Vaterschaft schon vor der Geburt des Kindes anerkannt, ist der Mutterpass vorzulegen.

Wer eine Vaterschaft anerkennen will, muss voll geschäftsfähig sein. Ist er minderjährig, muss derjenige zustimmen, der für ihn sorgeberechtigt ist. Auch die Mutter muss für ihre Zustimmungserklärung volljährig sein oder bedarf der Zustimmung der Sorgeberechtigten.

Die Vaterschaft wird im Geburtseintrag des Kindes beurkundet.

BESONDERHEITEN BEI LEIHMUTTERSCHAFT

Mutter des Kindes ist nach deutschem Recht immer die Frau, die es geboren hat. In manchen Ländern, beispielsweise Staaten der USA, ist es aber erlaubt, dass eine Frau ein Kind austrägt und zur Welt bringt, das genetisch gesehen das Kind einer anderen Mutter ist. Dort würden die genetische Mutter und der genetische Vater als Eltern registriert. Die Bundesrepublik Deutschland müsste diese Entscheidung anerkennen, jedenfalls bei gerichtlicher Feststellung der Elternschaft, obwohl eine Leihmutterschaft hier verboten ist und strafrechtliche Konsequenzen haben kann. Diesen Grundsatz hat der Bundesgerichtshof jetzt für eine ungewöhnliche Konstellation bestätigt:

03

Zwei gleichgeschlechtliche Lebenspartner hatten in Kalifornien einen Leihmutterschaftsvertrag geschlossen. Eine anonym gespendete Eizelle wurde mit dem Samen eines von ihnen befruchtet und einer Leihmutter eingesetzt. In den USA wurden die beiden Männer rechtswirksam als gemeinschaftliche Eltern des Kindes registriert. Das Standesamt ihres deutschen Wohnsitzes verweigerte die Eintragung des nicht genetisch mit dem Kind verwandten Vaters ins Geburtsregister. Zu Unrecht. Zum einen hätte das Kind bei Verweigerung der Eintragung in Deutschland andere rechtliche Eltern als in den USA. Zum anderen hat es in seinen beiden Vätern – einer davon tatsächlich sein genetischer Vater – Wunscheltern, die für es Verantwortung übernehmen wollen. In diesem Fall wiegt – kurz gesagt – der Schutz des Kindes schwerer als der Verstoß gegen zentrale Wertungen des deutschen Abstammungsrechts. (BGH, Beschluss vom 10.12.2014, Az. XII ZV 463/13)

DIE GERICHTLICHE KLÄRUNG DER VATERSCHAFT

Wenn die Mutter sich weigert, die Zustimmungsklärung zur Vaterschaftsanerkennung abzugeben, oder der Vater seine Vaterschaft nicht anerkennt, muss die Vaterschaft vom Familiengericht geklärt werden, wenn einer von beiden das beantragt.

a) Klärung der Abstammung

Sind die möglichen Eltern sich nicht sicher, wer Vater des Kindes ist, können sie ein privates Abstammungsgutachten einholen. Hierzu ist es aber erforderlich, dass alle Kandidaten, denen eine Probe entnommen werden soll, zustimmen. Gutachten gegen den Willen des anderen Elternteils oder gar heimliche Vaterschaftsgutachten sind vom Gesetzgeber nicht erwünscht und haben vor Gericht keine Beweiswirkung. Um beiden Elternteilen die Klärung der Abstammung auch gegen den Willen des anderen Elternteils zu ermöglichen, hat der Gesetzgeber ein besonderes Verfahren vorgesehen (§ 1598 a BGB).

Danach haben

- der Vater gegenüber Mutter und Kind,
- die Mutter gegenüber Vater und Kind und
- das Kind gegenüber beiden Elternteilen

Anspruch auf Einwilligung in eine genetische Untersuchung, wenn das zur Klärung der leiblichen Abstammung erforderlich ist. Die jeweiligen Anspruchsgegner müssen die Entnahme einer für die Untersuchung geeigneten genetischen Probe nach den anerkannten Grundsätzen der Wissenschaft dulden. Kommen sie dem nicht nach, weigert sich beispielsweise die Kindesmutter, mit dem Kind zum Arzt zu gehen, wo die Probe entnommen werden soll, kann das Familiengericht auf Antrag des Vaters die Duldung der Probenentnahme anordnen. In extremen Ausnahmefällen kann es sein, dass die Klärung der leiblichen Abstammung eine erhebliche Beeinträchtigung des Kindeswohls begründet. Dann wird die Probenentnahme zeitweise ausgesetzt.

Folgen der Abstammungsklärung

Die Abstammungsklärung hat noch keine rechtlichen Folgen. Sie soll den interessierten Parteien lediglich ermöglichen, die Wahrheit über die Abstammung des Kindes herauszufinden.

Weder verliert der rechtliche Vater automatisch seine Vaterschaft, wenn das Gutachten ergibt, dass er in Wirklichkeit
gar nicht der biologische Vater ist, noch wird jemand anders
automatisch rechtlicher Vater, wenn sich ergibt, dass er das
Kind gezeugt hat. Dies ist Gegenstand weiterer gerichtlicher
Verfahren.

03

b) Vaterschaftsanfechtung

Eine rechtliche Vaterschaft kann – vom Sonderfall des § 1599
Abs. 2 BGB abgesehen (siehe oben) – nur durch ein gerichtliches Anfechtungsverfahren beseitigt werden. Einen Antrag
zur Anfechtung der Vaterschaft können stellen:

* der rechtliche Vater,
* ein Mann, der an Eides statt versichert, der Mutter des Kindes während der Empfängniszeit beigewohnt zu haben,
* die Mutter des Kindes und
* das Kind selbst.

Nach dem Gesetz ist auch eine Vaterschaftsanfechtung durch
staatliche Behörden denkbar, wenn der Verdacht besteht, dass
durch ein Vaterschaftsanerkenntnis nur Sozialleistungen, eine
Staatsbürgerschaft oder das Aufenthaltsrecht erschlichen
werden sollte. Diese Regelung ist aber verfassungsrechtlich
umstritten.

Wer die Anfechtung der Vaterschaft beantragt, muss einen
begründeten Anfangsverdacht haben, dass der rechtliche
Vater nicht der wahre Vater des Kindes ist. Man kann sich
dabei auf das Ergebnis eines Abstammungsverfahrens nach
§ 1598 a BGB berufen. Denkbar ist auch, dass der rechtliche
Vater schon deshalb nicht der biologische Vater sein kann,
weil er zeugungsunfähig ist oder die Mutter zugegeben hat,
dass sie während der Empfängniszeit einen oder mehrere andere Geschlechtspartner hatte.

Tipp
Als Empfängnis-
zeit gilt die Zeit
vom 300. bis zum
181. Tag vor der
Geburt des Kindes.

Es genügt nicht vorzutragen, dass das Kind keine äußerlichen Ähnlichkeiten mit dem rechtlichen Vater aufweist oder dass es Gerüchte über wechselnde Geschlechtspartner der Mutter während der Empfängniszeit gibt. Schon gar nicht genügt es, ein heimlich eingeholtes privates Vaterschaftsgutachten vorzulegen. Ein von den vermeintlichen Eltern einvernehmlich eingeholtes Privatgutachten kann aber verwertet werden.

Anfechtungsfrist

Man kann die Vaterschaft nur binnen zwei Jahren anfechten. Die Frist beginnt in dem Moment, in dem der Berechtigte von den Umständen erfährt, die gegen die bestehende Vaterschaft sprechen. Hat man einen begründeten Anfangsverdacht, darf man also nicht zu lange warten. Laufen die zwei Jahre ab, bleibt die Vaterschaft bestehen, auch wenn sie rechtlich falsch sein sollte. Lediglich das Kind kann sie dann noch anfechten, und zwar innerhalb von zwei Jahren nach Eintritt der Volljährigkeit.

Die Einleitung eines Verfahrens zur Klärung der Abstammung nach § 1598 a BGB hemmt den Lauf der Verjährungsfrist. Hat man also Anhaltspunkte dafür, nicht der Vater eines Kindes zu sein, sollte man zunächst ein solches Verfahren einleiten. Die Verjährungsfrist beginnt dann erst sechs Monate nach rechtskräftiger Klärung der Abstammung wieder zu laufen. Selbst wenn man also mit der Einleitung dieses Verfahrens sehr knapp dran sein sollte, gewinnt man für die Entscheidung, ob man wirklich ein Anfechtungsverfahren anstoßen möchte, jedenfalls sechs Monate Zeit. Gerade dem rechtlichen Vater kann das wertvolle Bedenkzeit verschaffen, ob er weiterhin für das Kind, das er bisher für sein eigen Fleisch und Blut gehalten hat, Verantwortung übernehmen will.

Ausschluss der Vaterschaftsanfechtung

In bestimmten Fällen ist eine Anfechtung der rechtlichen Vaterschaft grundsätzlich ausgeschlossen.

Ist das Kind im beiderseitigen Einvernehmen der Mutter und
des rechtlichen Vaters durch künstliche Befruchtung mittels
Samenspende eines Dritten gezeugt worden, würde ein Gutachten zwangsläufig ergeben, dass der rechtliche Vater nicht
der biologische Vater des Kindes ist. Es wäre völlig absurd,
wenn er sich einseitig durch Anfechtung aus seiner mitüber-
nommenen Verantwortung verabschieden könnte.

03

Eine Anfechtung ist auch ausgeschlossen, wenn zwischen
dem Kind und dem Anerkennenden keine „sozial-familiäre"
Beziehung besteht, zwischen dem rechtlichen Vater und dem
Kind aber sehr wohl. Je länger das Kind auf der Welt ist und je
länger der aktuelle Lebensgefährte oder Ehemann der Mutter
für das Kind gesorgt und mit ihm eine Familie gebildet hat,
desto schwerer hat es der „nur" biologische Vater, auch der
rechtliche Vater des Kindes zu werden.

c) Gerichtliche Feststellung der Vaterschaft

War die Mutter bei Geburt des Kindes nicht verheiratet, heiratet sie auch später nicht und erklärt sie außerdem nicht, wer
der Vater des Kindes ist, fehlt es zunächst an einem rechtlichen Vater. Denkbar ist auch, dass eine einmal bestehende
rechtliche Vaterschaft durch ein Vaterschaftsanfechtungsver-
fahren beseitigt wurde, ohne dass dort geklärt worden wäre,
wer der rechtliche Vater ist.

In Unterhalts-, Sorgerechts- und Erbschaftsangelegenheiten
kann ein Gericht mitunter nur dann eine sachgerechte Entscheidung treffen, wenn bekannt ist, wer die rechtlichen Eltern des Kindes sind. Das Gericht kann im Zuge des Verfahrens von Amts wegen die Vaterschaft gerichtlich feststellen.
Es muss dazu ermitteln, wer mit der Mutter während der Empfängniszeit Geschlechtsverkehr hatte. Für die Feststellung der
Vaterschaft gibt es keine Höchstfristen. Sie kann daher durchaus auch noch Jahre nach einer erfolgreichen Vaterschaftsanfechtung erfolgen. Das hat gerade in Erbsachen eine hohe Re-

levanz, wenn etwa der potenzielle Erbe eines Vermögens erst nach Jahrzehnten erfährt, dass der Erblasser sein leiblicher Vater sein könnte.

ANNAHME ALS KIND (ADOPTION)

VORAUSSETZUNGEN

Anna, Irini und Irinis 15-jährige Tochter Nathalie leben schon einige Jahre als Familie zusammen. Anna möchte die 15-jährige Nathalie als Tochter annehmen, außerdem möchten sie und Irini noch ein weiteres Kind adoptieren.

Ein Eltern-Kind-Verhältnis kann nicht nur durch Abstammung begründet werden, sondern auch durch Annahme als Kind (Adoption).

Man kann sowohl ein minderjähriges (§§ 1741 ff. BGB) als auch ein volljähriges (§§ 1767 ff. BGB) Kind annehmen.

Die Annahme eines minderjährigen Kindes ist nur zulässig, wenn sie dem Wohl des Kindes dient und zu erwarten ist, dass zwischen dem Annehmenden und dem Kind ein Eltern-Kind-Verhältnis entsteht oder bei Adoption schon bestand. Bei Volljährigen muss die Annahme „sittlich gerechtfertigt" sein, was insbesondere dann der Fall ist, wenn schon vor der Adoption ein Eltern-Kind-Verhältnis bestanden hat.

Adoption eines Kindes des Partners

Kinder, die ein Ehegatte aus einer anderen Beziehung hat oder die er vor der Eheschließung bereits adoptiert hatte, kann der andere Ehegatte annehmen. Dann werden beide Ehegatten gemeinschaftliche Eltern des Kindes. Diesen Vorgang nennt man bei leiblichen Kindern Stiefkindadoption, im Fall einer früheren Annahme als Kind spricht man von Sukzessivadoption.

Die Annahme als Kind dient dem Kindeswohl, wenn sie zu einer nachhaltigen Verbesserung der persönlichen Verhältnisse oder der Rechtsstellung des Kindes führt. Im Vergleich zu seinen gegenwärtigen Lebensbedingungen muss eine merklich bessere Entwicklung seiner Persönlichkeit zu erwarten sein. Weil das Kind ein stabiles familiäres Umfeld erhalten soll, sind unter anderem das Alter, die körperliche Leistungsfähigkeit, der Charakter sowie die Wohn- und Vermögensverhältnisse der Bewerber wesentlich. Von Bedeutung sind außerdem ihre berufliche und gesellschaftliche Stellung sowie ihre Erziehungsfähigkeit und -willigkeit. Ein großer Altersunterschied zwischen den Annehmenden und dem Kind verlangt eine besonders sorgfältige Prüfung des Kindeswohls.

Kindeswohl bei Adoption

03

Nicht nur Ehepaare können Kinder adoptieren, sondern auch eingetragene Lebenspartner und Einzelpersonen. Partner einer nichtehelichen Lebensgemeinschaft können ein Kind anders als Ehegatten nicht gemeinschaftlich annehmen. Ein Eltern-Kind-Verhältnis entsteht nur mit der konkret annehmenden Person, nicht aber mit deren Lebensgefährten oder Lebensgefährtin. Solange Anna und Irini noch nicht verpartnert sind, kann Anna also weder gemeinsam mit Irini ein fremdes Kind adoptieren noch kann sie zusammen mit ihr Nathalies Elternteil werden.

Wer kann ein Kind adoptieren?

Könnten Anna und Irini gemeinsame Eltern von Nathalie und dem weiteren Kind werden, wenn sie sich als Lebenspartnerinnen eintragen lassen? Da die gleichgeschlechtliche Lebenspartnerschaft heute weitgehend der Ehe gleichgestellt ist, sollte man annehmen, dass das auch hinsichtlich der Regeln zur Annahme eines Kindes gilt.

Und tatsächlich: Anna und Irini könnten gemeinschaftliche Eltern von Nathalie werden. § 9 Abs. 7 LPartG erlaubt eingetragenen Lebenspartner die Stiefkindadoption, genau wie sie auch Ehepartnern gestattet ist. Anna könnte danach Nathalie als Tochter annehmen.

Anna und Irini können aber kein fremdes Kind gemeinschaftlich adoptieren, selbst wenn sie sich zuvor verpartnert hätten. § 9 Abs. 6 LPartG erlaubt nur die Einzeladoption eines Kindes entweder durch den einen oder den anderen Partner und behandelt Anna und Irini insoweit wie unverpartnerte Lebensgefährtinnen.

Wäre es eine Lösung, dass zum Beispiel Irini ein Kind adoptiert und Anna es hinterher auch als ihr Kind annimmt? Nein, eine Sukzessivadoption ist eingetragenen Lebenspartnerinnen verwehrt, um eine Umgehung von § 9 Abs. 6 LPartG zu verhindern.

Das ist natürlich eine kuriose Gesetzeslage und das Bundesverfassungsgericht hat das Verbot der Sukzessivadoption folgerichtig als verfassungswidrig verworfen:

Es kann nach Auffassung des Gerichts nicht sein, dass die Sukzessivadoption von Ehegatten möglich sein soll, die von Lebenspartnern aber nicht. Eine verbindliche Partnerschaft wie die eingetragene Lebenspartnerschaft führe zu einer dauerhaften rechtlichen Bindung und böte damit ausreichend behütete Verhältnisse, die das Aufwachsen von Kindern ebenso fördern könnten wie eine Ehe. (BVerfG, Beschluss vom 19.02.2013, Az. 1 BvL 1/11)

Das sieht anscheinend der Gesetzgeber selbst so, der eine Stiefkindadoption von eingetragenen Lebenspartnern ja ausdrücklich erlaubt. Denkt man die Argumentation des Verfassungsgerichts konsequent weiter, dürfte nicht nur der Ausschluss der Sukzessivadoption verfassungwidrig sein, sondern auch die viel zentralere Ungleichbehandlung in § 9 Abs. 6 LPartG, der die gemeinschaftliche Adoption eines Kindes durch Lebenspartner bislang ausschließt. Mit dieser Frage musste sich das Gericht in den zu entscheidenden Beschwerdeverfahren nicht befassen. Es ist aus meiner Sicht gut möglich, dass der Gesetzgeber mit der auferlegten Neufassung von § 9 Abs. 7 LPartG gleich auch den Abs. 6 mit überarbeitet.

03

DAS ADOPTIONSVERFAHREN

Die Adoptionsvermittlung, also das Zusammenführen von minderjährigen Kindern und Adoptionsbewerbern, erfolgt nach eingehender Beratung der Beteiligten durch die Adoptionsvermittlungsstellen der Jugendämter und der Verbände der Freien Wohlfahrtspflege. Über die Annahme als Kind entscheidet das Familiengericht auf Antrag der annehmenden Person(en). Zuständig ist das Gericht in dem Bezirk, in dem diese ihren gewöhnlichen Aufenthaltsort haben.

Der Antrag muss notariell beurkundet sein. Zur Annahme eines minderjährigen Kindes ist ferner die ebenfalls notariell beurkundete Einwilligung der Eltern des Kindes erforderlich. Diese Einwilligung ist nicht sofort nach der Geburt des Kindes möglich. Den Eltern des Kindes soll eine gewisse Bedenkzeit gegeben werden, ob sie nicht doch selbst für das Kind Verantwortung übernehmen wollen. Die Einwilligungserklärung darf daher erst erteilt werden, wenn das Kind acht Wochen alt ist. Die Erklärung der Eltern ist zwar unwiderruflich, wird aber unwirksam, wenn die Antragsteller ihren Antrag zurücknehmen oder das Familiengericht die Annahme verweigert.

Einwilligung der Eltern des Kindes

Zur Annahme eines Kindes ist weiter die notariell beurkundete Einwilligung des Kindes erforderlich. Ist das Kind jünger als 14 Jahre, kann nur sein gesetzlicher Vertreter die Einwilligung erklären. Ist das Kind bereits 14 Jahre alt, so kann es die Ein-

Einwilligung des Kindes

willigung nur selbst erteilen, es bedarf aber der Zustimmung seines gesetzlichen Vertreters. Anna könnte Nathalie daher nur als Kind annehmen, wenn Nathalie selbst zustimmt. Gezwungen werden kann sie hierzu nicht, sie könnte Anna also in freier Entscheidung als Mutter ablehnen.

Einwilligung des anderen Elternteils bei Stiefkindadoption

Falls Nathalie mit der Adoption einverstanden sein sollte, müsste auch ihr Vater der Adoption zustimmen. Nur weil Irini in einer neuen festen Beziehung lebt, heißt das nicht, dass damit auch seine rechtliche Stellung ohne Weiteres beendet werden dürfte. Die Einwilligung ist aber nicht erforderlich, wenn der betreffende Elternteil zur Abgabe der Erklärung dauerhaft außerstande ist, etwa wegen Geschäftsunfähigkeit, oder wenn sein Aufenthaltsort unbekannt ist. Verweigert er die Einwilligung, kann das Familiengericht ihn auf Antrag des Kindes überstimmen und die Einwilligung ersetzen. Das ist beispielsweise denkbar, wenn er seine väterlichen Pflichten anhaltend und gröblich verletzt hat, er nie an dem Kind interessiert war oder zur Pflege des Kindes dauerhaft außerstande ist.

WIRKUNGEN DER MINDERJÄHRIGEN-ADOPTION

Die Folge der Minderjährigenadoption ist, dass das Kind seine bisherigen Eltern und Verwandschaftsverhältnisse verliert und in einen neuen Familienverband eingefügt wird. Das Kind erhält also nicht nur ein Verwandtschaftsverhältnis zu den Annehmenden selbst, sondern auch zu deren Verwandten, das heißt zu den Eltern der Annehmenden sowie deren leiblichen und Adoptivkindern. Es hat in der neuen Familie Anspruch auf Unterhalt und ist seinerseits zu Unterhaltsleistungen verpflichtet. Das Kind beerbt seine neuen Eltern und deren Verwandten, während es seine Erbenstellung gegenüber den bisherigen Verwandten verliert.

VOLLJÄHRIGENADOPTION

Die Annahme eines Volljährigen ist möglich, wenn sie sittlich gerechtfertigt ist. Zwischen dem Annehmenden und dem Kind muss bereits ein Eltern-Kind-Verhältnis entstanden sein. Damit soll verhindert werden, dass eine Volljährigenadoption nur erfolgt, um Erb- und Pflichtteilsansprüche anderer zu reduzieren oder auszuschließen oder um in den Genuss günstiger Steuerklassen und Freibeträge zu kommen.

03

Eine Volljährigenadoption erfordert nicht nur einen Antrag der annehmenden Person, sondern auch des Kindes. Genehmigt das Gericht die Adoption, wird es das Kind des Annehmenden, erhält dessen Familiennamen, wird dessen Erbe, hat gegenüber diesem Unterhaltsansprüche und ist diesem auch zum Unterhalt verpflichtet. Die Wirkungen der Annahme erstrecken sich aber weder auf die Verwandten des Annehmenden noch wird das volljährige Kind aus seinem bisherigen Verwandtschaftsverbund herausgelöst. Er wird lediglich zusätzlich in den Stammbaum der annehmenden Person „hineingeklebt".

Ausnahmsweise kann eine Volljährigenadoption auch mit den vollen Wirkungen der Minderjährigenadoption erfolgen (§ 1772 BGB). Das ist beispielsweise denkbar, wenn ein Kind schon während der Minderjährigkeit Teil seiner jetzigen Familie war.

ELTERLICHE SORGE

BEGRIFF

§ 1626 Abs. 1 BGB:

Die Eltern haben die Pflicht und das Recht, für das minderjährige Kind zu sorgen (elterliche Sorge). Die elterliche Sorge umfasst die Sorge für die Person des Kindes (Personensorge) und das Vermögen des Kindes (Vermögenssorge).

Wer die elterliche Sorge innehat, muss das Kind beaufsichtigen, es erziehen, es in der Ausbildungs- und Berufswahl unterstützen, kann und muss bestimmen, mit welchen Personen es Umgang haben darf, wo es wohnt etc. Er entscheidet über den Vornamen des Kindes ebenso wie über ärztliche Behandlungen und Operationen, bestimmt die Religionszugehörigkeit des Kindes und muss dessen Vermögen erhalten, vermehren und zweckgebunden verwerten.

Alexander und Helena sind noch nicht verheiratet. Ende April 2015 wird ihr Sohn David geboren. Wer ist Inhaber der elterlichen Sorge für David?

Die elterliche Sorge steht den Eltern des Kindes gemeinschaftlich zu, wenn sie miteinander verheiratet sind. Sind sie es nicht, ist die Mutter zunächst alleinige Inhaberin der elterlichen Sorge. Bei Davids Geburt hat also Helena das alleinige Sorgerecht.

Elterliche Sorge bei Adoption

Nimmt ein Ehepaar ein Kind an oder nimmt ein Ehegatte ein Kind des anderen Ehegatten an, steht die elterliche Sorge den Ehegatten (im letzten Fall auch den Lebenspartnern, siehe oben) gemeinsam zu. Nimmt eine Einzelperson ein Kind an, steht auch nur dieser die elterliche Sorge zu.

DIE EINVERNEHMLICHE ÜBERTRAGUNG DER ELTERLICHEN SORGE

Alexander erhält automatisch die elterliche Sorge für David, wenn Helena und er heiraten (§ 1626 a Abs. 1 Nr. 2 BGB). Heiraten die Eltern eines Kindes nicht, können sie gegenüber dem Jugendamt erklären, die elterliche Sorge gemeinsam ausüben zu wollen. Das kann auch im Verbund mit einer Vaterschaftsanerkennung geschehen (§ 1626 a Abs. 1 BGB). Voraussetzung ist, dass die Kindesmutter zustimmt. Alexander hätte also schon vor der Heirat mit Helenas Zustimmung Vaterschaftsanerkennung und Sorgeerklärung abgeben können und wäre ab dem Moment der Geburt Davids sorgeberechtigter rechtlicher Vater.

03

DIE GERICHTLICHE ÜBERTRAGUNG DER ELTERLICHEN SORGE

Wenn die Eltern bei Geburt des Kindes nicht verheiratet sind, sie auch später nicht heiraten und die Kindesmutter sich weigert, einer Sorgeerklärung des Kindesvaters zuzustimmen, muss dieser sich die gemeinsame elterliche Sorge beim Familiengericht erstreiten. Nach altem Recht waren seine Erfolgsaussichten in einem solchen Fall denkbar gering. Faktisch hatte die Kindesmutter allein zu entscheiden, ob er die elterliche Sorge bekommt oder nicht. Das hat sich zwischenzeitlich geändert.

Seit Inkrafttreten des Gesetzes zur Neuregelung der elterlichen Sorge für Kinder nicht miteinander verheirateter Eltern vom 19.05.2013 kann das Familiengericht auf Antrag jedes Elternteils die gemeinsame elterliche Sorge festsetzen, sofern die Elternschaft rechtlich festgestellt ist.

Voraussetzung der Übertragung ist, dass die gemeinsame Sorge dem Kindeswohl nicht widerspricht. Der Gesetzgeber sieht die Übertragung der gemeinsamen elterlichen Sorge auf beide Elternteile als den Regelfall an. Nur wenn hierdurch das Kindeswohl gefährdet wäre, darf das Gericht die Übertragung der elterlichen Sorge auf beide Elternteile verweigern. Denkbar ist dies in folgenden Fällen:

Wann die gemeinsame Sorge dem Kindeswohl widerspricht

- Der antragstellende Elternteil ist zum Beispiel aufgrund von erwiesenem Alkohol- oder Drogenmissbrauch oder gewalttätiger Übergriffe gegenüber Kind oder Kindesmutter nicht zur Erziehung geeignet.
- Es gibt anhaltende, unüberbrückbare Differenzen zwischen den Eltern. Man muss befürchten, dass sie es zukünftig nicht schaffen werden, Streitigkeiten über das Kind ohne Hilfe dritter Personen (zum Beispiel des Gerichts oder des Jugendamts) zu regeln. In diesem Fall fehlt eine solide Basis für die Ausübung des gemeinsamen Sorgerechts.
- Es gibt keine Kommunikation und Kooperation zwischen den Eltern. Um die elterliche Sorge gemeinsam ausüben zu können, müssen sie in der Lage sein, sich über Belange des Kindes einigermaßen sachlich auseinanderzusetzen und den anderen Elternteil bei Entscheidungen mit einzubeziehen.
- Es liegt eine Herabwürdigung des anderen Elternteils vor. Kinder dürfen bei Streitigkeiten der Eltern nicht zwischen die Fronten geraten und in einen Loyalitätskonflikt gestürzt werden. Die Eltern müssen zumindest mit einem Mindestmaß von Respekt vom anderen sprechen und dürfen auf keinen Fall die Erziehungsfähigkeit des anderen Elternteils infrage stellen, diesen ständig beschimpfen und herabsetzende Vorwürfe gegen ihn erheben.
- Die Eltern streiten über Fragen von grundsätzlicher Bedeutung. Können sich die Eltern nicht über Grundsatzfragen einigen, zum Beispiel die Frage, wo das Kind wohnt (Aufenthalt des Kindes), welche medizinische Behandlung es erhält und welcher Religion es angehört, kann das ein Indiz

dafür sein, dass die Eltern auch in anderen Problemfragen nicht konsensfähig sind.

Ein Gericht muss sich immer für den geringstmöglichen Eingriff entscheiden. Dass Eltern gerade in der Trennungszeit ihre Konflikte teils sehr aggressiv austragen und das Kind darunter leidet, lässt sich nicht immer verhindern. Es ist in dieser Zeit auch nicht angezeigt, vorschnell die Übertragung der gemeinsamen elterlichen Sorge infrage zu stellen. Vielmehr ist es sinnvoll, den Eltern vor einer Entscheidung aufzuerlegen, eine Erziehungsberatung aufzusuchen oder ihre Konflikte auf andere Art und Weise auszuräumen.

DIE ELTERLICHE SORGE BEI TRENNUNG UND SCHEIDUNG

Die einmal begründete gemeinsame elterliche Sorge bleibt auch dann bestehen, wenn die Kindeseltern sich trennen. Es spielt keine Rolle, ob sie zu diesem Zeitpunkt verheiratet sind oder nicht. Sie können sich wie bisher gemeinsam um ihre Kinder kümmern, auch wenn ihre Paarbeziehung gescheitert ist. Der Elternteil, bei dem das Kind lebt, darf aber nach der Trennung in Angelegenheiten des täglichen Lebens allein entscheiden (§ 1687 BGB).

Beantragt einer der Elternteile die Übertragung der Alleinsorge auf sich (§ 1671 BGB), ist diesem Antrag stattzugeben, wenn der andere Elternteil zustimmt. Ist das Kind 14 Jahre alt oder älter, muss das Gericht es anhören. Widerspricht das Kind oder stimmt der andere Elternteil der Übertragung der Sorge nicht zu, muss das Gericht entscheiden. Dem antragstellenden Partner ist das alleinige Sorgerecht dann einzuräumen, wenn zu erwarten ist, dass sowohl die Aufhebung der gemeinsamen Sorge als auch die Übertragung der Alleinsorge auf gerade diesen Elternteil dem Wohl des Kindes am besten entspricht.

Aufhebung der gemeinsamen Sorge

Die gemeinsame Sorge ist aufzuheben, wenn sie dem Kindeswohl widerspricht (vgl. den Katalog auf S. 78), also insbesondere bei anhaltenden und unüberbrückbaren Differenzen zwischen den Eltern, Streit über Grundsatzfragen, Herabwürdigung des anderen Elternteils oder wenn ein Elternteil nicht erziehungsgeeignet ist.

Übertragung der elterlichen Sorge auf einen Elternteil

Entspricht die Aufhebung der gemeinsamen Sorge dem Kindeswohl am besten, ist zu prüfen, ob das auch für die Übertragung der elterlichen Sorge auf den Antragsteller allein gilt. Dieser muss besser als der andere Elternteil in der Lage sein, die Entwicklung und Erziehung des Kindes zu einer eigenverantwortlichen und gemeinschaftsfähigen Persönlichkeit zu gewährleisten. Hierbei ist zu prüfen, wer von beiden die besseren Betreuungs- und Erziehungsmöglichkeiten bietet oder wer am ehesten bereit und fähig ist, den Kontakt des Kindes zum anderen Elternteil zu gewährleisten. Besonders wichtig ist der sogenannte Kontinuitätsgrundsatz. Das Kind soll in möglichst einheitlichen, gleichmäßigen und stabilen Umständen aufwachsen. Es soll auch im Trennungsfall möglichst seinen Kindergarten, seine Schule, seinen Freundeskreis, seinen Sportverein etc. behalten.

Die Aufzählung ist bei Weitem nicht abschließend. Bei der Prüfung sind alle für den konkreten Einzelfall relevanten Umstände zu bewerten. Dabei darf auch der Wille des Kindes nicht vergessen werden. Sobald das Kind in der Lage ist, sich zu äußern, muss das Gericht es anhören. Je älter und einsichtsfähiger es ist, desto gewichtiger wird, was seine Anhörung über die Bindung zu seinen Eltern erkennen lässt, und desto eher wird das Gericht die Wünsche des Kindes in seine Entscheidung mit einfließen lassen.

UMGANGSRECHT

Zum Wohl des Kindes gehört, dass es Umgang mit beiden Elternteilen haben kann. Es spielt dabei keine Rolle, ob die Eltern
miteinander verheiratet sind oder nicht. Das Umgangsrecht ist
kein Teil des Sorgerechts, sondern von diesem unabhängig.
Auch ein Elternteil, der nicht (mehr) Träger der elterlichen Sorge ist, hat Anspruch auf Umgang mit seinem Kind.

Enge Bezugspersonen des Kindes haben ein Recht auf Umgang, sofern dieser dem Wohl des Kindes dient. Auch der
„nur" biologische Vater des Kindes hat Anspruch darauf, sein
Kind zu sehen. Erforderlich ist, dass er aktuell Verantwortung
für das Kind trägt oder in der Vergangenheit Verantwortung
für es getragen hat, also zum Beispiel mit ihm in häuslicher
Gemeinschaft gelebt hat.

Im Juli 2013 hat der Gesetzgeber die Rechte der biologischen
Väter weiter gestärkt, indem er ihnen in § 1686 a BGB ein
spezielles Umgangsrecht eingeräumt hat. Danach können sie ihr Kind
selbst dann sehen, wenn sie für das Kind noch keine enge Bezugsperson
sein sollten. Ziel ist es, den Aufbau einer solchen Beziehung zu ermöglichen, vorausgesetzt, der leibliche Vater hat ein ernstliches Interesse an
seinem Kind.

04

FINANZIERUNG DES LEBENS- UNTERHALTS

Während eine Lebensgemeinschaft besteht, sorgen die Partner gemeinsam für ihren Lebensunterhalt. Der Gesetzgeber geht – unabhängig von der Art der Partnerschaft – davon aus, dass beide Geld und Arbeitskraft in ihre Beziehung investieren. Kommt es zur Trennung, können Ehegatten voneinander Unterhalt nach den ehelichen Lebensverhältnissen verlangen, jedenfalls bis zum Ablauf des Trennungsjahres, in bestimmten Ausnahmefällen sogar noch sehr lange darüber hinaus. Bei nichtehelichen Partnern kommt ein Anspruch auf Unterhalt nur in Betracht, wenn aus der Beziehung Kinder hervorgegangen sind.

UNTERHALTSANSPRUCH VON EHEGATTEN

04

Als Helena schwanger wird, beschließen Alexander und Helena zu heiraten. Kurz nach der Hochzeit bringt Helena den gemeinsamen Sohn David zur Welt. Helena unterbricht ihre Erwerbstätigkeit und kümmert sich um Haushalt und Kind. Ein Jahr darauf trennt sich das Paar und Alexander zieht aus der gemeinsamen Mietwohnung aus. Alexander ist der Meinung, dass er nur für David aufkommen müsse. Helena sagt, das könne nicht sein, da sie sich ja um David kümmere. An Einkünften hat sie lediglich das Elterngeld, während Alexander gut verdient.

Ehegatten haben während der bestehenden ehelichen Lebensgemeinschaft Anspruch auf sogenannten Familienunterhalt. Dieser soll den Bedarf der gesamten Familie einschließlich der Kinder decken, insbesondere die Haushaltskosten und die üblichen Ausgaben des täglichen Lebens. Erst wenn das Geld beider Partner für ihre Grundbedürfnisse nicht ausreicht, können sie (ergänzend) Sozialleistungen wie Wohngeld oder Grundsicherung für Arbeitsuchende beantragen. Der Familienunterhalt kann sowohl durch Geld als auch durch Naturalleistungen erbracht werden.

Anspruch auf Familienunterhalt

Wie die Ehegatten ihre Beiträge zum Bedarf der Familie aufteilen, können sie nach ihren Einkommens- und Vermögensverhältnissen und ihren jeweiligen Interessen frei gestalten. Ein Ehegatte kann seinen Teil zum Bedarf der Familie dadurch erbringen, dass er beispielsweise Lebensmittel beschafft, eine ihm gehörende Immobilie als Wohnraum zur Verfügung stellt oder den Haushalt führt. Ändern sich die Verhältnisse oder ist ein Ehegatte mit seinem Beitrag unzufrieden, muss der Familienunterhalt neu verhandelt werden. Im Beispiel hat Helena nach Davids Geburt ihre Erwerbstätigkeit unterbrochen und kann nicht mehr so viel zur Finanzierung der Lebensgemeinschaft beigetragen. Sie kümmert sich dafür um das Kind und sicherlich auch anteilig mehr um den Haushalt als zuvor.

Trennungsunterhalt

Nach Auflösung der Familieneinheit kann der bedürftige Ehegatte Unterhalt vom anderen leistungsfähigen Ehegatten nur noch als Geldrente beanspruchen. Durch den Trennungsunterhalt sollen die ehelichen Lebensverhältnisse in wirtschaftlicher Hinsicht noch eine Zeit lang konserviert werden. Bis zur Rechtskraft der Ehescheidung könnten die Eheleute ja wieder zusammenfinden.

Unterhaltsansprüche bestehen dann, wenn der Berechtigte nicht in der Lage ist, seinen angemessenen Lebensbedarf aus eigener Kraft zu sichern. In knappen wirtschaftlichen Verhältnissen kann die Unterhalts- leicht zur Existenzfrage werden: Von der Höhe des Unterhalts hängt ab, ob man seine Miete überweisen, Lebensmittel und Kleidung kaufen, Darlehensraten bezahlen oder sein Auto reparieren lassen kann. Die Höhe des angemessenen Lebensbedarfs richtet sich nach den Einkommens- und Vermögensverhältnissen beider Ehegatten, genauer: nach dem Betrag, der von den jeweiligen Einkommen nach Abzug von Fahrtkosten, Steuern, Altersvorsorge- und Krankenkassenbeiträgen, Schulden etc. noch übrig bleibt. Für den Unterhalt relevant ist auf beiden Seiten nur das verbleibende, das sogenannte bereinigte Einkommen, aus dem man sein tägliches Leben finanziert: zum Beispiel Miete, Nebenkosten, Kleidung, Nahrungsmittel, Freizeit und Urlaub.

Auf die Frage der Unterhaltsberechnung kann ich im Rahmen dieses Buches aus Platzgründen nicht näher eingehen. Im obigen Beispiel ist offensichtlich, dass Helena von Alexander nach der Trennung Unterhalt verlangen kann: Alexander verdient mehr als sie und die beiden haben sich gerade erst getrennt. Versöhnen sie sich nicht und kommen sie auch bis zum Ablauf des Trennungsjahres nicht mehr zusammen, kann jeder von ihnen das Scheidungsverfahren einleiten.

Unterhalt nach der
Scheidung?

Beide müssen nach der Trennung mehr und mehr damit rechnen, dass die Ehe in absehbarer Zeit endet. Spätestens mit Ab-

04

lauf des Trennungsjahres kann daher vom unterhaltsbedürftigen Partner erwartet werden, dass er seinen Lebensunterhalt selbst sicherstellt. Ab dann und insbesondere für den Zeitraum nach der Scheidung gilt der Grundsatz der Eigenverantwortung. Der Gesetzgeber trägt damit der Tatsache Rechnung, dass eine Ehe zerbrechen kann wie jede andere dauerhafte Lebensgemeinschaft auch. Hierauf muss sich jeder Ehegatte einstellen und sollte sich nach Möglichkeit wirtschaftlich nicht völlig von seinem Partner abhängig machen. Dem steht der „Grundsatz der nachwirkenden Mitverantwortung" des wirtschaftlich stärkeren Ehegatten für den anderen gegenüber. Eine Ehe ist eben auch keine unverbindliche Lebensgemeinschaft, deren Rechte und Pflichten in dem Moment enden, in dem man sich trennt oder scheiden lässt.

Die Unterhaltspflicht besteht etwa dem Grunde nach weiter fort, wenn der Unterhaltsberechtigte ein gemeinsames Kind betreut, das noch keine drei Jahre alt ist. Da David bei Ablauf des Trennungsjahres erst knapp zwei Jahre alt sein wird, kann Helena also noch ein gutes Jahr vollen Unterhalt verlangen, selbst wenn zwischendurch die Scheidung ausgesprochen werden sollte. Danach muss sie jedenfalls eine Teilzeiterwerbstätigkeit ausüben, es sei denn, es lässt sich keine adäquate Kinderbetreuung finden oder Belange des Kindes – zum Beispiel eine Behinderung oder längere Erkrankung – rechtfertigen eine Verlängerung. Eine Obliegenheit zur Vollerwerbstätigkeit nimmt der Bundesgerichtshof derzeit an, wenn das Kind über sieben Jahre alt ist und sein Wohl durch die Erwerbstätigkeit des betreuenden Elternteils nicht gefährdet wird.

Unterhalt wegen Kindesbetreuung

Eine langfristige Unterhaltspflicht über das Ende der Ehe hinaus ist denkbar, wenn ein Ehepartner alters- oder krankheitsbedingt oder aus anderen wichtigen Gründen (Stichwort: ehebedingte Nachteile) nicht in der Lage ist, seinen Unterhalt sicherzustellen. Bei Ehen, die länger als 15 Jahre gehalten ha-

Weitere Gründe für einen Unterhaltsanspruch

Tipp

Sofern Ihre Vorstellungen und die Vorstellungen Ihres Ehepartners nicht allzu weit auseinanderliegen, sollten Sie sich außergerichtlich über den Unterhalt einigen, zumal Sie dann auch frühzeitig wissen, welche Beträge Sie zahlen müssen bzw. erhalten werden. Im Falle einer gerichtlichen Auseinandersetzung kann es dagegen Monate dauern, bis Sie in diesem Punkt Klarheit haben. Einigungen über den nachehelichen Unterhalt müssen notariell beurkundet werden, lediglich mündliche oder einfache schriftliche Absprachen sind daher nichtig.

ben, gewährt der Gesetzgeber dem bedürftigen Ehegatten einen gewissen Vertrauensschutz und räumt ihm mehr Zeit ein, bis er wieder mit dem eigenen Einkommen auskommen muss oder im Mangelfall auf Sozialleistungen verwiesen wird.

FINANZIERUNG DES UNTERHALTS IN EINER NICHTEHELICHEN LEBENS-GEMEINSCHAFT

GRUNDSATZ: KEINE GESETZLICHE UNTERHALTSPFLICHT

Alexander und Helena sind seit einiger Zeit fest zusammen, halten aber nichts von der Ehe. Helena studiert noch, während Alexander schon erwerbstätig ist. Sein Einkommen reicht für beide aus. Außerdem erhält Helena BAföG-Leistungen. Als Helena für ihr neues Studienjahr BAföG beantragen will, fragt sie sich, ob sie Alexanders Einkommen angeben muss.

Paare ohne Trauschein wirtschaften oft in einem Umfang gemeinsam, der dem ehelichen Familienunterhalt sehr nahe kommt. Auch sie sprechen sich ab, wie viel Geld oder Arbeit jeder von ihnen für den gemeinsamen Haushalt aufwendet. Zahlt ein Partner regelmäßig, gar jahrelang, mehr Geld in die Haushaltskasse ein als der andere und übernimmt der andere dafür mehr Aufgaben im Haushalt, ist dies von der ehelichen Aufgabenteilung kaum noch zu unterscheiden.

Wenn Alexander und Helena einen gemeinsamen Haushalt begründen, werden anfallende Kosten sicherlich zunächst zu einem etwas größeren Teil von Alexander gedeckt, weil er bereits erwerbstätig ist und Helena derzeit von BAföG-Leistungen oder dem Ausbildungsunterhalt ihrer Eltern lebt. Alexander wird von

Helena sicher erwarten, dass diese sich in anderer Weise einbringt, also sich nach ihren Möglichkeiten finanziell beteiligt, mehr Hausarbeiten erledigt als er, Besorgungen macht, zu denen er aufgrund seiner Arbeitszeiten nicht in der Lage ist etc. Doch selbst bei langjährigen Lebensgemeinschaften, in denen die Partner sich an das gemeinsame Wirtschaften gewöhnt haben, geht die Rechtsprechung davon aus, dass dieser Lebensstandard auf rechtlich freiwilligen Leistungen des besser verdienenden Partners beruht, die keine nachhaltig gesicherte Rechtsposition für den anderen begründen. Nichtehelichen Lebensgefährten steht daher grundsätzlich kein Unterhalt zu.

Da Helena keinen Rechtsanspruch darauf hat, von Alexander unterstützt zu werden, spielt sein Einkommen bei Helenas BAföG-Antrag keine Rolle. Sie wird daher auch weiter Förderungsleistungen erhalten.

WANN NICHTEHELICHE PARTNER FÜREINANDER AUFKOMMEN MÜSSEN

Alexander und Helena leben mittlerweile länger als ein Jahr zusammen und wirtschaften auch gemeinsam. Helena hat ihr Studium beendet und befindet sich auf Jobsuche. Sie will nicht finanziell von Alexander abhängig sein und möchte Grundsicherung für Arbeitsuchende oder einen Mietzuschuss beantragen.

Tipp
Beim BAföG-Antrag muss nur das eigene Einkommen, das Einkommen des Ehe- bzw. eingetragenen Lebenspartners und das Einkommen der Eltern angegeben werden, nicht aber das Einkommen nichtehelicher Partner.

Grundsicherungsleistungen sind Leistungen der Sozialhilfeträger, die den Lebensunterhalt der Bedürftigen sicherstellen sollen. Für Arbeitsuchende werden sie dann gezahlt, wenn der Betroffene nicht über ein ausreichendes Einkommen und Vermögen verfügt, um seinen Bedarf selbst zu sichern. Der Regelbedarf beträgt für alleinstehende Personen und Alleinerziehende 399 Euro. Haushaltsangehörige, die als Ehegatten oder Lebenspartner zusammenleben und älter sind als 19 Jahre,

Grundsicherung für Arbeitsuchende

können für sich nicht den vollen Regelbedarf beanspruchen, sondern lediglich einen reduzierten Satz von 360 Euro. Kinder erhalten je nach Alter zwischen 234 Euro und 302 Euro.

In wirtschaftlicher Hinsicht nicht hilfebedürftig ist, wer mit einer leistungsfähigen Person in einer Bedarfsgemeinschaft lebt. Dabei in unerheblich, ob dies ein Ehepartner, ein eingetragener Lebenspartner oder ein nichtehelicher Partner ist. Bei Ehepartnern und eingetragenen Lebenspartnern ergibt sich die Verpflichtung, füreinander einzustehen, schon aus dem Gesetz. Bei allen anderen Personen nimmt der Gesetzgeber dann eine Bedarfsgemeinschaft an, wenn sie besondere persönliche oder verwandtschaftliche Beziehungen zueinander haben und in einem gemeinsamen Haushalt leben, sich in Notlagen gegenseitig materiell unterstützen und ihren Lebensbedarf gemeinsam decken. Da Helena seit mehr als einem Jahr mit Alexander zusammenlebt und die beiden zudem gemeinsam wirtschaften, liegt nach § 7 Abs. 3 a Ziff. 1 und 4 SGB II eine Bedarfsgemeinschaft vor. Solange Alexander in der Lage ist, die Kosten des gemeinsamen Haushalts allein aufzubringen, hat Helena also keinen Anspruch auf Grundsicherungsleistungen.

Wohngeld

Wer seinen Lebensunterhalt nicht vollständig selbst finanzieren kann und keine sonstigen Sozialleistungen erhält, hat Anspruch auf einen Mietzuschuss. Eigentümer einer selbst genutzten Immobilie können in derselben Situation einen Lastenzuschuss beantragen. Die Höhe des Wohngeldes richtet sich nach der Anzahl der Haushaltsmitglieder und der Höhe der Miete bzw. der vom Eigentümer zu tragenden Lasten (Zins, Tilgung, Instandhaltungskosten usw.). Es würde Helena nichts bringen, statt Grundsicherungsleistungen Wohngeld zu beantragen. Denn auch beim Wohngeld wird nicht allein auf Helenas Einkommen abgestellt, sondern auf das gesamte Haushaltseinkommen. Zum Haushalt zählen nicht nur der Ehegatte und eingetragene Lebenspartner, sondern genau wie bei den übrigen sozialen Transferleistungen auch solche Personen, die mit dem Haushaltsmitglied in einer Verantwortungs- und Einstehensgemeinschaft leben. Alexanders Einkommen reicht hier aber aus, um den gesamten Haushalt zu finanzieren.

Obwohl nichteheliche Lebenspartner einander keinen Unterhalt schulden (auf eine wichtige Ausnahme von dieser Regel komme ich sogleich zu sprechen), begründet das Sozialrecht auf diese Art und Weise faktisch die Verpflichtung, den Lebensbedarf des nicht leistungsfähigen Partners mit zu decken. „Trostpflaster" ist, dass Alexander seine Leistungen für Helena als außergewöhnliche Belastungen steuerlich absetzen kann (siehe dazu S. 117). Sollte sich Alexander weigern, für Helena aufzukommen, oder könnte diese nicht damit leben, dass sie Alexander finanziell zur Last fällt, bliebe ihnen nichts anderes übrig, als sich zu trennen.

Faktische Unterhaltspflicht durch Sozialleistungen

04

Auch das Elterngeld ist eine soziale Transferleistung, doch anders als bei Grundsicherungsleistungen oder beim Wohngeld wirkt sich das Einkommen des Partners nicht auf die Höhe der Leistung aus, und zwar unabhängig davon, ob das Paar mit oder ohne Trauschein zusammenlebt. Das Elterngeld richtet sich allein nach dem Einkommen des beantragenden Elternteils.

UNTERHALTSANSPRUCH UNVERHEIRATETER ELTERN AUS ANLASS DER GEBURT

Alexander und Helena sind seit einiger Zeit fest zusammen, halten aber nichts von der Ehe. Helena wird schwanger und bringt den gemeinsamen Sohn David zur Welt. Helena unterbricht ihre Erwerbstätigkeit und kümmert sich um Haushalt und Kind. Ein Jahr darauf trennen sich die beiden. Alexander ist der Meinung, dass er nur für David aufkommen müsse. Helena sagt, das könne nicht sein, da sie sich ja um David kümmere. An Einkünften hat sie lediglich das Elterngeld, während Alexander gut verdient.

Nichteheliche Lebensgefährten sind normalerweise nicht verpflichtet, einander Unterhalt zu leisten. Anders ist das, wenn aus der Beziehung ein Kind hervorgeht.

Nach § 1615 l BGB muss der Vater der Mutter für die Dauer von sechs Wochen vor und acht Wochen nach der Geburt des Kindes Unterhalt gewähren und für sämtliche Schwangerschafts- und Entbindungskosten aufzukommen. Wichtiger noch: Kann die Mutter infolge der Schwangerschaft keiner Erwerbstätigkeit (mehr) nachgehen oder erkrankt sie infolge der Schwangerschaft und Entbindung, ist der Partner verpflichtet, ihr auch darüber hinaus Unterhalt zu gewähren.

Betreuungsunterhalt

In den ersten drei Jahren nach der Geburt kann ferner der Elternteil Unterhalt beanspruchen, der das Kind betreut, im Beispiel ist das Helena. Da David erst knapp ein Jahr alt ist, kann Helena also noch zwei Jahre Unterhalt von Alexander verlangen. In Ausnahmefällen überdauert der Betreuungsunterhalt nach § 1615 l BGB auch den dritten Geburtstag des Kindes, zum Beispiel wenn sich keine geeignete Betreuungseinrichtung findet oder das Kind aufgrund einer Behinderung oder langfristigen Erkrankung auf eine Dauerbetreuung angewiesen ist. Als weitere Gründe für einen längeren Unterhaltsanspruch kommen unter anderem in Betracht: eine besonders schwierige Eingewöhnungsphase im Kindergarten oder eine besondere Sensibilität des Kindes aufgrund der Trennung der Eltern. Ob es dem Berechtigten nach Ablauf der drei Jahre gelingt, wieder eine Arbeit aufzunehmen, ist ohne Belang.

§ 1615 l BGB setzt keine Lebensgemeinschaft voraus und schützt Mutter und Vater eines Kindes selbst dann, wenn sie über den Geschlechtsverkehr hinaus, der zur Zeugung des Kindes geführt hat, keine Gemeinsamkeiten hatten oder seitdem mehr haben.

Eine fortdauernde Unterhaltsverpflichtung kommt nur in krassen Ausnahmefällen in Betracht, beispielsweise wenn die Lebensgefährten längere Zeit wie Ehegatten zusammengelebt und sich einvernehmlich auf ein „klassisches" Rollenbild verständigt haben. Es wäre etwa schlicht unzumutbar, wenn die Kindesmutter sich jahrelang darauf verlassen hätte, vom Kindesvater mit versorgt zu werden und dieser ihr dies auch immer versichert hätte. Er soll sich in solch einem Fall nicht ohne finanzielles Risiko aus der Beziehung verabschieden können.

04

Der Unterhalt richtet sich der Höhe nach nicht nach den Lebensverhältnissen der Gemeinschaft. Entscheidend ist vielmehr, in welcher Höhe der Mutter infolge der Schwangerschaft und dem Elternteil, der später das Kind betreut, Einkommen entgeht. War der betreuende Elternteil vor der Geburt des Kindes erwerbstätig, kann er verlangen, die Differenz zu seinem bisherigen Einkommen erstattet zu bekommen. Etwaige Einkünfte, zum Beispiel Mieteinnahmen, Elterngeld, weitere Zahlungen des Arbeitgebers (zum Beispiel Tantiemen) oder Geldanlagen reduzieren den Unterhaltsanspruch.

Höhe des Unterhaltsanspruchs

300 Euro des Elterngeldes bleiben gemäß § 11 Abs. 1 BEEG unberücksichtigt, beim Elterngeld Plus sind es 150 Euro!

Helena verdiente vor Davids Geburt brutto 1.600 Euro, netto ca. 1.100 Euro. Sie hat Anspruch auf Elterngeld von ca. 700 Euro. Ein Sockelbetrag von 300 Euro des Elterngeldes wird bei der Unterhaltsberechnung nicht berücksichtigt, beim Elterngeld Plus sind es 150 Euro. Helena verfügt demnach nur über ein anrechenbares Einkommen von 400 Euro. Diese Differenz von 700 Euro zu ihrem Einkommen vor Davids Geburt muss Alexander ihr als Unterhalt bezahlen.

War der betreuende Elternteil nicht erwerbstätig, steht ihm nur das jeweilige Existenzminimum zu, also ein Einkommen, das sich der Höhe nach an den sozialrechtlichen Regelsätzen orientiert.

VERTRAGLICHE UNTERHALTSABSPRACHEN

Dass nichteheliche Lebensgefährten, vom Anspruch nach § 1615 I BGB einmal abgesehen, keinen gesetzlichen Unterhaltsanspruch haben, hindert sie natürlich nicht daran, den wirtschaftlich schwächeren Partner vertraglich abzusichern. Die Vereinbarung darf aber nicht dem Wesen der nichtehelichen Lebensgemeinschaft widersprechen, die durch ihre Unverbindlichkeit und die Möglichkeit, die Partnerschaft jederzeit ohne Einhaltung bestimmter Fristen beenden zu können, geprägt ist. Deshalb sind Regelungen sittenwidrig, die einen Partner faktisch bestrafen, weil er sich von der Beziehung lösen will. Ersatzleistungen für konkrete finanzielle Opfer eines Partners sind erlaubt, etwa dafür, dass er zugunsten der Partnerschaft und der Betreuung gemeinsamer Kinder auf Ausbildung oder Karriere verzichtet hat.

ANSPRUCH AUF KINDESUNTERHALT

David ist mittlerweile vier Jahre alt. Alexander verdient netto nach Abzug von Sozialabgaben, Steuern und Krankenversicherungskosten 2.500 Euro. Er zahlt eine Warmmiete von 700 Euro und da er regelmäßig mit dem Auto zur Arbeit fährt, fallen Fahrtkosten von 125 Euro an. Gerade musste er Steuern in Höhe von 900 Euro nachzahlen. Helena bekommt das Kindergeld für David in Höhe von 184 Euro monatlich.

Während einer bestehenden Partnerschaft ist der Kindesunterhalt kein Thema, er ist sowohl für nichteheliche Lebensgefährten als auch für Ehegatten Teil des Familienunterhalts. Die Betreuung des Kindes und die Kosten, die zum Beispiel für Lebensmittel, Kleidung, medizinische Betreuung, Ausbildung und Freizeit des Kindes anfallen, werden so untereinander aufgeteilt, wie es die Partner abgesprochen haben.

Nach einer Trennung werden die Kinder in aller Regel von einem Elternteil allein betreut. Dass beide Eltern sich die Betreuung des Kindes gleichberechtigt teilen (Wechselmodell), ist möglich, in der Praxis aber selten. Betreut nur ein Elternteil das Kind, erfüllt dieser seine Pflicht zum Kindesunterhalt durch die Betreuung und Versorgung des Kindes. Man nennt dies Naturalunterhalt. Der andere Elternteil schuldet Barunterhalt, also Unterhalt in Geld.

04

Das Maß des Kindesunterhalts bestimmt sich in jedem Fall nach der Lebensstellung des bedürftigen Kindes, also nach dessen wirtschaftlichen Verhältnissen. Minderjährige Kinder stehen wirtschaftlich zwangsläufig noch nicht auf eigenen Beinen. Vergleichbares gilt bei Auszubildenden und Studierenden bis zum Abschluss ihrer Berufsausbildung bzw. ihres Studiums. Sie alle leiten ihre Lebensstellung noch von ihren Eltern ab. Welcher Unterhalt dem Alter des Kindes und dem Einkommensniveau der Eltern entspricht, ist in der Praxis der sogenannten Düsseldorfer Tabelle zu entnehmen. Konkrete Unterhaltssätze bestimmt die Tabelle nur für Einkommen von bis zu 5.100 Euro. Die Rechtsprechung ist der Auffassung, dass kein Kind mehr zum Leben benötigt, als sich aus der obersten Stufe der Düsseldorfer Tabelle ergibt. Mehr Unterhalt kann nur verlangen, wer konkret einen höheren Bedarf glaubhaft macht, etwa für Kleidung, Schule, Ferien, Essen oder Freizeit.

Maß des Kindesunterhalts

DÜSSELDORFER TABELLE (Stand: 01.01.2015)

Nettoeinkommen des Barunter-haltspflichtigen (Anm. 3, 4)		A. Kindesunterhalt			
		Altersstufen in Jahren (§ 1612 a Abs. 1 BGB)			
		0 – 5	6 – 11	12 – 17	ab 18
		Alle Beträge in Euro			
1.	bis 1.500	317	364	426	488
2.	1.501 – 1.900	333	383	448	513
3.	1.901 – 2.300	349	401	469	537
4.	2.301 – 2.700	365	419	490	562
5.	2.701 – 3.100	381	437	512	586
6.	3.101 – 3.500	406	466	546	625
7.	3.501 – 3.900	432	496	580	664
8.	3.901 – 4.300	457	525	614	703
9.	4.301 – 4.700	482	554	648	742
10.	4.701 – 5.100	508	583	682	781
	ab 5.101	nach den Umständen des Falles			

Im Laufe des Jahres 2015 werden die Kinderfreibeträge erhöht. Da diese der Düsseldorfer Tabelle zugrunde liegen, werden sich auch die Sätze der Düsseldorfer Tabelle im Laufe des Jahres verändern. Rufen Sie bitte die jeweils aktuelle Tabelle ab unter www.olg-duesseldorf.nrw.de/infos/Duesseldorfer_Tabelle.

„Klassische" Konfliktpunkte bei jeder Unterhaltsberechnung sind die Ermittlung des Einkommens und die Frage, ob der Pflichtige die Unterhaltslast überhaupt schultern kann.

Die Stufeneinteilung der Düsseldorfer Tabelle richtet sich nach dem bereinigten Nettoeinkommen des barunterhaltspflichtigen Elternteils. Gemeint ist damit das Einkommen, das vom Nettoeinkommen verbleibt, nachdem berufsbedingte Aufwendungen, Steuernachzahlungen, Zinslasten aus Darlehen, Krankenversicherungsbeiträge etc. abgezogen wurden. Steuerrückerstattungen und arbeitsrechtliche Abfindungen sind hingegen hinzuzurechnen.

04

Alexander verfügt über ein monatliches Nettoeinkommen von 2.500 Euro, von dem er noch seine Fahrtkosten von monatlich 125 Euro und die Steuernachzahlung von 900 Euro abziehen kann (auf den Monat umgelegt: 75 Euro). Sein bereinigtes Einkommen beträgt mithin exakt 2.300 Euro, entspricht also gerade eben noch Einkommensstufe 3 der Tabelle.

Alexanders Mietzahlung wirkt sich nicht einkommensmindernd aus. Um seine Existenz nicht zu gefährden, billigt das Gesetz ihm ohnehin einen gewissen Betrag zu, der ihm mindestens verbleiben muss. Aus diesem sogenannten Selbstbehalt muss er zum Beispiel seine Miete, seine Nebenkosten, seine Nahrung und Kleidung, seinen Urlaub, seine Freizeit und seine Versicherungen bezahlen. Wird der Selbstbehalt unterschritten, kann der Unterhalt gekürzt werden oder im absoluten Mangelfall sogar komplett entfallen. Diese „rote Linie" liegt umso niedriger, je schutzbedürftiger der Unterhaltbedürftige ist. Wer einem minderjährigen Kind Unterhalt schuldet, muss sich in seinem Lebensbedarf also deutlich weiter einschränken als jemand, der gegenüber seinem Ehepartner oder den pflegebedürftigen Eltern unterhaltpflichtig ist. Der Selbstbehalt gegenüber minderjährigen Kindern beträgt derzeit 1.080 Euro, gegenüber volljährigen Kindern 1.300 Euro.

Selbstbehalt

Alexander müsste dem vierjährigen David nach der dritten Einkommensstufe der Tabelle einen Unterhalt von 349 Euro bezahlen. Weil das Kindergeld von 184 Euro an den betreuenden Elternteil fließt, dem Zahlenden aber hälftig zusteht, ist

Anrechnung von Kindergeld

dessen Anteil (hier: 92 Euro) noch vom Tabellensatz abzuziehen. Es verbleibt ein Zahlbetrag von 257 Euro.

**Eingruppierung
Düsseldorfer Tabelle**

Hier dürfte Alexander allerdings um eine Einkommensstufe höher einzugruppieren sein. Da David bereits vier Jahre alt ist, kann man nämlich davon ausgehen, dass Alexander Helena keinen Unterhalt nach § 1615 I BGB mehr schuldet (siehe oben). Die Düsseldorfer Tabelle geht davon aus, dass es zwei unterhaltsbedürftige Personen gibt. Weil Alexander nach Wegfall der Unterhaltsverpflichtung gegenüber Helena nur noch einer Person Unterhalt zahlen muss, ist er finanziell etwas beweglicher. Davids Unterhaltsanspruch beträgt also 365 Euro – 92 Euro = 273 Euro.

Bei volljährigen Kindern müssen sich beide Eltern die Unterhaltslast für den Barunterhalt abhängig von ihren Einkommens- und Vermögensverhältnissen teilen. Dementsprechend wird auch das Kindergeld komplett angerechnet.

WOHNUNG UND HAUSRAT BEI TRENNUNG

05

Wenn Paare ihre Lebensgemeinschaft beenden, müssen sie ihren Hausrat aufteilen und klären, wer die gemeinsame Wohnung weiter nutzen kann. Während nichteheliche Lebensgefährten diese Aufgabe in Eigenregie bewältigen müssen, hat der Gesetzgeber für Ehepaare besondere gesetzliche Regeln aufgestellt. Das hindert Ehepaare natürlich nicht, die Aufteilung trotzdem selbst zu regeln.

WENN NICHTEHELICHE PAARE SICH TRENNEN

Bei nichtehelichen Lebensgefährten oder Verlobten gibt es für die Trennung keine besonderen Regeln in Bezug auf Wohnung und Hausrat. Wenn sie eine gemeinsame Wohnung haben, müssen sie sich einigen, wer von ihnen dort weiter wohnt und wer auszieht. Ist keine Einigung möglich, entsteht eine unauflösbare Pattsituation. Nur wenn es zu gewalttätigen Übergriffen des einen Partners gegenüber dem anderen kommt, verleiht das Gewaltschutzgesetz (GewSchG) dem Opfer der Gewalttat ein Alleinentscheidungsrecht. Das Opfer kann verlangen, dass der übergriffige Partner ihm die gemeinsam genutzte Wohnung zur alleinigen Benutzung überlässt. Das geht aber nur für eine begrenzte Zeit, wenn Täter und Opfer gemeinsam ein Nutzungsrecht an der Wohnung zustand, zum Beispiel weil sie Miteigentümer oder Mitmieter sind, oder der Täter gar der Alleinberechtigte ist.

WENN EHEPAARE SICH TRENNEN

Getrenntleben

Ehegatten leben getrennt, wenn zwischen ihnen keine häusliche Gemeinschaft mehr besteht und ein Ehegatte sie erkennbar nicht herstellen will, weil er die eheliche Lebensgemeinschaft ablehnt. Die Trennung muss nicht zwingend dadurch vollzogen werden, dass einer von ihnen die eheliche Wohnung endgültig verlässt und in eine andere Wohnung zieht. Es genügt auch, wenn beide zunächst innerhalb der ehelichen Wohnung bleiben, aber keinen gemeinsamen Haushalt mehr führen und keine wesentlichen persönlichen Beziehungen mehr bestehen („Trennung von Tisch und Bett").

Mit dem Ende der ehelichen Lebensgemeinschaft sind die Ehegatten nicht mehr verpflichtet, für Verbindlichkeiten einzustehen, die der andere Ehegatte zur Deckung von Ge-

schäften des angemessenen Lebensbedarfs geschlossen hat
(§ 1357 BGB). Teilen die Ehegatten im Zuge der Trennung ihre
persönlichen Gegenstände und den Hausrat auf, dürfen Gläubiger des anderen Ehegatten außerdem nicht mehr in die persönlichen Gegenstände des anderen Ehegatten vollstrecken
(§§ 1362 Abs. 2 BGB, 739 ZPO).

05

VORLÄUFIGE ZUWEISUNG DER EHEWOHNUNG

Alexander und Helena streiten in letzter Zeit ständig. Als die
Situation wieder einmal eskaliert, beschließen sie, sich zu tren-
nen. Alexander verlangt von Helena, dass sie aus seinem Haus auszieht.
Helena findet, Alexander solle doch selbst ausziehen.

Wer die Ehewohnung vorläufig nutzen kann, entscheidet sich
oft schon nach der Art und Weise, wie die Trennung vollzogen
wurde. Zieht ein Ehegatte aus der Ehewohnung aus, stellt er
damit in aller Regel zugleich klar, dass er während der Trennungszeit nicht mehr in die Wohnung zurückkehren möchte, jedenfalls wenn er keine Rückkehrabsicht bekundet, vgl.
§ 1361 b Abs. 4 BGB.

Haben die Ehegatten in der Wohnung zur Miete gewohnt,
werden die Rechte und Pflichten aus dem Mietvertrag durch die
Nutzungsregelung nicht berührt. Der Vermieter kann sich hinsichtlich
seiner Mietforderung daher nach wie vor in voller Höhe an beide Ehegatten wenden, wenn beide den Mietvertrag unterschrieben haben.

Wenn sich die Partner, wie hier Alexander und Helena, nicht
einigen können, wer ausziehen muss, steht ihnen ein besonderes Gerichtsverfahren zur Verfügung: das Ehewohnungs-
zuweisungsverfahren (§ 1361 b BGB). Danach kann ein Ehe-

*Zuweisung der
Wohnung durch das
Gericht*

gatte im Trennungsfall verlangen, dass ihm der andere die Ehewohnung oder einen Teil zur alleinigen Benutzung überlässt, soweit dies auch unter Berücksichtigung der Belange des anderen Ehegatten notwendig ist, um eine unbillige Härte zu vermeiden.

Eine Definition der „unbilligen Härte" findet sich nicht im Gesetz. Fest steht jedoch, dass eine umfassende Interessenabwägung erforderlich ist und ein Eingriff des anderen Ehegatten vorausgesetzt wird, der die üblichen emotionalen Belastungen und Unannehmlichkeiten der Trennungszeit deutlich übersteigt.

Dabei sind zwei Tatbestände besonders praxisrelevant: die Beeinträchtigung des Kindeswohls (§ 1361 b Abs. 1 Satz 2 BGB) und angedrohte oder ausgeübte Gewalt (§ 1361 b Abs. 2 BGB). Letzteres versteht sich von selbst: Ehegatten müssen natürlich genauso vor gewalttätigen Übergriffen geschützt werden wie Verlobte oder nichteheliche Partner.

Wenn das Ehepaar Kinder hat

Sind Kinder von der Trennung betroffen, soll sich das Gericht vorrangig an deren Interessen orientieren. Kinder leiden häufig noch mehr unter der Trennung der Eltern als die betroffenen Eheleute selbst. Schließlich wissen diese zumindest, warum es zur Trennung gekommen ist. Kinder verstehen dies dagegen häufig nicht oder suchen gar den Grund bei sich selbst. Umso wichtiger ist es, dass sie weiterhin in ihrem vertrauten Umfeld leben können, zu dem insbesondere ihre Freunde und ihre Schule gehören. Bei ihnen bleiben soll nach Möglichkeit der Elternteil, der besser für sie sorgen kann.

Voraussichtlich würde das Gericht in unserem Beispiel Alexander das Haus zur Nutzung zuweisen, weil es ihm gehört und Helena keine Argumente vortragen kann, wonach ihr der Auszug unzumutbar wäre. Das Gericht darf in das Eigentum oder andere Nutzungsrechte des Inhabers nämlich nur eingreifen,

wenn das zur Beendigung der Konflikte und zum Schutz vor-
rangiger Interessen eines Ehegatten zwingend erforderlich ist.

VORLÄUFIGE VERTEILUNG DES HAUSRATS

05

Bei einer Trennung kann jeder Ehegatte die ihm allein gehörenden Haushaltsgegenstände vom anderen Ehegatten her-
ausverlangen, sofern er sie dringender benötigt als der andere
Partner. Umgekehrt ist er verpflichtet, sie dem anderen Ehegatten zum Gebrauch zu überlassen, soweit dieser sie zur Füh-
rung eines eigenen Haushalts benötigt und die Überlassung
nach den Umständen des Falles gerecht ist, juristisch ausge-
drückt: der Billigkeit entspricht (§ 1361 a BGB). Gleiches gilt
für Haushaltsgegenstände, die beiden Ehegatten gemeinsam
gehören. Jeder Ehegatte soll nach der räumlichen Trennung
mit den vorhandenen Hausratsgegenständen einen funktions-
fähigen Haushalt führen können.

Zieht Alexander zu seinen Eltern und verfügen diese über eine
Waschmaschine, kann Helena durchaus verlangen, dass Alexander ihr die Waschmaschine belässt. Das ist besonders gut begründbar,
wenn minderjährige Kinder mit in Helenas Haushalt leben. Denn bei ihr
wird dann sicherlich mehr Wäsche anfallen als bei Alexander. Zumindest
für die Zeit der Trennung kann man von Alexander erwarten, dass er sich
anders behilft, zum Beispiel bei seinen Eltern oder im Waschsalon wäscht
oder sich eine weitere Maschine kauft.

Sollten sich die Ehegatten über die Hausratsverteilung nicht
einig werden, ist auch hier gegebenenfalls eine gerichtliche
Entscheidung einzuholen. Das Familiengericht muss in einem
solchen Hausratsverfahren klären, wer die streitigen Gegenstände dringender benötigt als der andere. Das Hausratsverfahren dient ausdrücklich nicht dazu, zu klären, wem fragliche
Gegenstände gehören, es kommt darauf an, dass man den be-
gehrten Gegenstand tatsächlich auch nutzen möchte.

Gerichtliches Haus-
ratsverfahren

Was gehört zum Hausrat?

Unter Hausrat versteht das Gesetz die Sachen, die der gemeinsamen Lebensführung innerhalb der Wohnung dienen. Eine eindeutige Aufzählung enthält das Gesetz nicht. Was zum Hausrat gehört, ist von Ehe zu Ehe unterschiedlich und richtet sich nach den Einkommens-, Vermögens- und Lebensverhältnissen der Ehegatten und ihrer Kinder. In aller Regel gehören zum Hausrat: Wohnungseinrichtung, Geschirr, Wäsche, Fernseher und Stereoanlage, Kommunikationsmedien, Bücher, Sport- und Hobbygeräte, gegebenenfalls auch Kunstgegenstände und Antiquitäten. Auch Nahrungsmittel- und Energievorräte (beispielsweise Kohle und Öl) werden zum Hausrat gezählt.

Hausrat sind nur solche die Gegenstände, die gemeinsam genutzt werden. Gegenstände, die ausschließlich den persönlichen Interessen eines Ehegatten oder der Kinder dienen oder zur Berufsausübung benötigt werden, gehören nicht dazu.

Persönliche und berufliche Gegenstände

Gegenstände des persönlichen Gebrauchs sind beispielsweise Kleidungsstücke, Schmuck, ein Pkw, persönliche Papiere, Versicherungsunterlagen, Urkunden, Familienandenken oder Gegenstände, die dem Hobby allein eines Ehegatten dienen. Der Berufsausübung dienen zum Beispiel Berufskleidung, Fachbücher, Handwerkszeug, allein beruflich genutztes Mobiliar sowie Computer inklusive Zubehör.

Alexander spielt gern mit seinen alten Spielkonsolen, während Helena keines der Spiele ihres Lieblingsfußballvereins verpasst und sich ein Zimmer mit Fanartikeln „ihrer" Mannschaft eingerichtet hat.

Alexanders Spielkonsolen und Helenas Fanartikel gehören in diesem Fall nicht zum Hausrat. Helena könnte also nicht im Zuge der Trennung verlangen, dass Alexander ihr ein paar Geräte überlässt, damit sie selbst mit dem Spielen beginnen kann.

Anna und Irini haben sich auf einer Auktion für kleines Geld ein modernes Bild gekauft, weil es hieß, der Künstler sei angeblich „stark im Kommen" und der Wert des Bildes werde sich „garantiert nach dessen Tod vervielfältigen". Beide finden das Bild entsetzlich und hatten es daher bislang im Keller zwischengelagert. Grund, es hervorzuholen, gab es bislang nicht, da der Künstler bis heute einen beachtlichen, aber renditeschädlichen Lebenswillen an den Tag legt.

05

Das Bild gehört nicht zu den Gegenständen, die für das Familienleben genutzt wurden. Es diente vielmehr als Kapitalanlage. Auch Gegenstände, die ausschließlich wirtschaftlichen Zwecken dienen, gehören nicht zum Hausrat. Anders wäre es gewesen, wenn Anna und Irini das Bild genutzt hätten, um ihre Wohnung damit zu schmücken.

Gegenstände zur Kapitalanlage

Anna und Irini haben zwei Hunde, mit denen sie häufig gemeinsam spazieren gegangen sind. Hinten im Garten hielten sie sich ferner zwei Milchziegen.

Tiere sind zwar begrifflich keine Haushaltsgegenstände, die Hausratsvorschriften sind aber auf sie entsprechend anzuwenden. Die beiden Hunde gehören ebenso zum Haushalt wie die beiden Ziegen. Die Hunde werden für die Freizeitgestaltung genutzt, die Ziegen sind sozusagen „lebender Vorrat" und dienen wahlweise als Milch- oder Fleischlieferanten.

Tiere

Alexander und Helena haben zwei Pkw. Den größeren nutzt allein Alexander: Zum einen fährt er damit zur Arbeit, zum anderen dient der Pkw als „Familienkutsche". Mit dem kleineren Pkw machen beide private Besorgungen. Außerdem bringen sie mit ihm die gemeinsamen Kinder in den Kindergarten. Helena ist nicht berufstätig.

Auch Pkw und andere Kraftfahrzeuge gehören schon rein sprachlich nicht zu den Haushaltsgegenständen. Ausnahms-

Kraftfahrzeuge

weise kann dies anders sein, wenn der Pkw täglich für den Bedarf der Familie zur Verfügung stand. Hiervon wird man in der Praxis nur dann ausgehen können, wenn die Ehepartner zwei Pkw haben, einer der Ehepartner nicht berufstätig war und der Pkw ausschließlich zur familiären Nutzung bereitstand. Besitzt jeder Ehegatte einen Pkw und sind beide Ehegatten berufstätig, spricht dies gegen eine Zuordnung des Pkw zum Hausrat. In unserem Beispiel zählt der kleinere Pkw zum Hausrat, während der größere vor allem Alexander zur Verfügung steht und damit zu dessen persönlichen Gegenständen gehört. Helena profitiert allenfalls über den Zugewinnausgleich von dessen Wert.

ENDGÜLTIGE REGELUNG NACH SCHEIDUNG

Hausrats- und Wohnungszuweisungsverfahren bei Trennung haben nicht den Zweck, eine endgültige Regelung herbeizuführen. Wer einen Gegenstand schließlich bekommt, ist im Zuge des Scheidungsverfahrens zu klären, notfalls wiederum durch ein gerichtliches Zuweisungsverfahren.

Hausrat

Haushaltsgegenstände sind mit der Auflösung der Ehe in der Regel dem zuzusprechen, dem sie gehören. Allerdings können sie anlässlich der Scheidung auch dem anderen Ehegatten dauerhaft überlassen und sogar übereignet werden, wenn dieser darauf unter Berücksichtigung des Wohls der im Haushalt lebenden Kinder und der Lebensverhältnisse der Ehegatten in stärkerem Maße angewiesen ist als der andere Ehegatte oder dies aus anderen Gründen der Billigkeit entspricht (§ 1568 a und § 1568 b BGB).

Wohnung

Hatten die Partner oder der weichende Partner die eheliche Wohnung gemietet, setzt der Ehegatte, dem die Wohnung überlassen wird, das Mietverhältnis allein fort. Es genügt eine gemeinsame Erklärung der Mieter über die Überlassung der Wohnung an einen von ihnen. Musste die Überlassung gerichtlich geklärt werden, ändert sich das Mietverhältnis mit Rechtskraft der gerichtlichen Entscheidung. Der Vermieter kann sich hiergegen nicht wehren. Er kann lediglich binnen einem Monat kündigen, wenn in der Person des Eingetretenen ein wichtiger Grund vorliegt (siehe oben S. 21).

05

Ein solches Gestaltungsrecht steht nichtehelichen Lebensgefährten nicht zur Verfügung. Diese bleiben auch nach einer endgültigen Trennung gemeinsame Mieter. Sie können den Vermieter nicht zwingen, das Mietverhältnis nur mit einem von ihnen fortzusetzen.

Die Kriterien entsprechen denen bei Trennung. Die Hürde für den Ehegatten, der die eheliche Wohnung oder Haushaltsgegenstände auch nach der Scheidung weiter nutzen will, ist aber deutlich höher, weil er ja eine dauerhafte Regelung verlangt und nicht lediglich eine für den Zeitraum von der Trennung bis zur Rechtskraft der Ehescheidung.

NUTZUNGSENTSCHÄDIGUNG UND AUS-GLEICHSZAHLUNG

Kann der Eigentümer eines Haushaltsgegenstandes diesen nicht mehr nutzen oder muss er dulden, dass seine Immobilie nach Trennung oder gar nach Scheidung von dem anderen gegen seinen Willen weiter genutzt wird, kann das Gericht eine angemessene Vergütung für die Benutzung der Haushaltsgegenstände oder der Wohnung festsetzen. Es kann je nach den beiderseitigen Einkommens- und Vermögensverhältnissen eine Entschädigung in Höhe des Verkehrswerts des überlassenen oder verlorenen Gegenstandes bestimmen, hiervon aber auch – in der Praxis meist nach unten – abweichen.

AUFTEILUNG DES VERMÖGENS BEI TRENNUNG (UND SCHEIDUNG)

Wenn zwei Menschen auf Dauer zusammen sein wollen und womöglich sogar heiraten, bleibt jeder grundsätzlich Herr seines eigenen Vermögens und seiner eigenen Schulden. Oft schaffen die Partner aber auch gemeinsames Vermögen oder gehen gemeinsam Verpflichtungen ein. Diese Verflechtungen müssen gelöst werden, wenn die Beziehung irgendwann zerbricht. Problematisch werden kann das dann, wenn es während der Partnerschaft zu ungerechten Vermögensverschiebungen gekommen ist. Bei Ehegatten ist zusätzlich der Zugewinnausgleich zu berücksichtigen.

DIE AUSEINANDERSETZUNG DES VERMÖGENS

BANKKONTEN

06

Helena und Alexander sind seit 15 Jahren zusammen. Bevor
sie sich kennenlernten, hatte jeder von ihnen ein Bankkonto.
Zunächst ist beider Gehalt auf Alexanders Konto geflossen, um den
gemeinsamen Haushalt zu finanzieren und Rücklagen zu bilden. Später
haben sie ein gemeinsames Haushaltskonto eröffnet. Helena verlangt
nach der Trennung ihren Anteil an den Rücklagen auf Alexanders Konto.
Mit dem Geld vom Haushaltskonto finanziert sie ihren Auszug aus der
gemeinsamen Wohnung.

Das Guthaben eines Spar- oder Girokontos, das nur auf den
Namen eines Partners läuft, steht diesem allein zu. Daran
ändert sich nichts, wenn er dem anderen eine Kontovollmacht
eingeräumt hat. Eine Vollmacht gewährt nur Zugang zum Konto, ändert aber nichts an der Inhaberschaft.

Einzelkonten

Eine Kontovollmacht erlischt automatisch, wenn die Partner
sich endgültig trennen. Der Bank gegenüber bleibt sie aber so
lange wirksam, bis dieser das Erlöschen der Vollmacht angezeigt wurde
(§ 170 BGB). Falls ein Partner von einer im Innenverhältnis erloschenen
Vollmacht noch Gebrauch macht und für eigene Zwecke Geld abhebt,
macht er sich wegen Untreue strafbar (§ 266 Abs. 1 StGB) und ist dem
Kontoinhaber zum Schadensersatz verpflichtet.

Keine Rolle spielt, ob das Kontoguthaben aus Einzahlungen
des Inhabers selbst stammt. Hat der andere Partner – wie
Helena in unserem Fall – zum Beispiel Gehaltszahlungen auf
das Konto einzahlen lassen, wird unterstellt, dass es sich bei
diesen Buchungen um Beiträge für die eheliche oder nichteheliche Lebensgemeinschaft gehandelt hat, weshalb eine
Rückzahlung ausscheidet. Das gilt selbst dann, wenn der Kon-

tostand deutlich über den laufenden Lebensbedarf der Partner hinausgeht und eigentlich als Rücklage für beide dienen sollte. Bei großen Überschüssen könnte Helena argumentieren, dass Alexander ihren Vermögensanteil treuhänderisch verwalten sollte und damit ihren Anteil nach § 670 BGB herauszugeben hat. Zumindest einen Teil ihres Geldes kann sie mit dieser Argumentation womöglich zurückerlangen.

Gemeinschaftskonto

Eröffnen Partner ein Gemeinschaftskonto, sind sie beide dessen Inhaber und damit Gesamtgläubiger der Bank. Wenn sie nicht ausdrücklich etwas anderes vereinbaren, sind beide gemäß § 430 BGB zu je 50 % am Guthaben berechtigt.

Das gilt auch dann, wenn die Partner unterschiedlich viel auf das Konto eingezahlt haben. Gleichgültig ist auch, wer während des Bestehens der Lebensgemeinschaft wie viel vom Konto abhebt. Endet aber die nichteheliche Lebensgemeinschaft oder trennen sich Ehegatten endgültig, ist das Guthaben zwischen den Partnern zu gleichen Anteilen aufzuteilen (§§ 430, 742 BGB). Wer wie Helena mehr als die Hälfte des Guthabens abhebt, hat sich der Untreue schuldig gemacht und muss dem anderen das zu viel Entnommene erstatten.

GEMEINSCHAFTLICHE VERMÖGENSWERTE

Anna und Irini haben während ihrer 15-jährigen Beziehung gemeinsam einen Pkw angeschafft, zusammen einen Bausparvertrag abgeschlossen und einer guten Freundin gemeinsam Geld geliehen.

Gehört ein Vermögensgegenstand beiden Partnern gemeinsam, ist das Miteigentum nach den Vorschriften über die Gemeinschaft aufzulösen (§§ 741 ff. BGB). Soweit möglich, erfolgt die Teilung in Natur. Das kann bei Geld, Wertpapieren, Geldforderungen (zum Beispiel aus einem Darlehensvertrag) und unbebauten Grundstücken funktionieren. Bebaute Grundstücke, Eigentumswohnungen, Haustiere, ein Telefonanschluss oder ein Kraftfahrzeug sind aber nicht teilbar und müssen daher verkauft und der Erlös geteilt werden. Die Partner können natürlich die Vermögenswerte auch einander abkaufen. Anna könnte beispielsweise Irini anbieten, den Pkw oder die Forderungen aus dem Darlehensvertrag gegen eine Ausgleichszahlung zu übernehmen.

06

Der Übernahmepreis ist Verhandlungssache. Wird man sich nicht einig, bleibt bei Grundstücken als letztes Mittel nur die Teilungsversteigerung (§ 180 ZVG). Bewegliche Gegenstände wie der Pkw würden nach den Regeln über den Pfandverkauf durch den Gerichtsvollzieher verwertet. Der Erlös wird in beiden Fällen nach Abzug der Verfahrenskosten bei Gericht hinterlegt und die Partner müssen ihn dann unter sich aufteilen. In der Regel ist es schon aufgrund der teils erheblichen Verfahrenskosten wirtschaftlich günstiger, sich zu einigen.

GEMEINSCHAFTLICHE SCHULDEN

a) Die Gesamtschuld

Als Helena schwanger wird, beschließen Alexander und sie, ein Haus zu bauen. Sie nehmen bei einer örtlichen Bank ein gemeinsames Darlehen auf, das Alexander allein bedient. Als ihre Ehe scheitert, möchte Alexander nicht mehr allein für die Darlehensraten aufkommen.

Nehmen Eheleute oder die Partner einer nichtehelichen Lebensgemeinschaft zusammen ein Darlehen auf, haften sie grundsätzlich als Gesamtschuldner. Wenn Sie sich als wirtschaftlich mittelloser Ehepartner für ein Darlehen des anderen mitverpflichten – etwa auf Druck der Bank, die das Darlehen zur Verfügung stellt –, kann das aber sittenwidrig sein. Sie können in diesem Fall vom eigentlichen Darlehensnehmer verlangen, dass er Sie freistellt oder von der Bank, dass Sie aus dem Vertragsverhältnis entlassen werden. Sittenwidrigkeit liegt nicht schon dann vor, wenn Sie zwar über keine Liquidität und kein Einkommen verfügen, aber Ihnen der finanzierte Gegenstand mitgehört, zum Beispiel eine gemeinsame Eigentumswohnung oder ein gemeinsames Haus. Helena könnte also ihre Entlassung aus dem Darlehen nicht verlangen.

Vorsicht

Gerade nichteheliche Lebensgefährten müssen aufpassen, dass ihre Ansprüche nicht verjähren. Ausgleichsansprüche unter Gesamtschuldnern unterliegen der dreijährigen Regelverjährung. Ehegatten profitieren hingegen von § 207 BGB (siehe oben S. 41).

Gesamtschuldner haften im Außenverhältnis gegenüber der Bank zu je 100 %. Die Bank kann sich also aussuchen, an welchen ihrer Schuldner sie sich hält. Im Innenverhältnis zueinander haften Gesamtschuldner aber nur zu jeweils gleichen Teilen, es sei denn, sie hätten etwas anderes vereinbart. Wer mehr zahlt, als er müsste, muss zusehen, dass er das zu viel Gezahlte von seinem Mitschuldner im Wege des Gesamtschuldnerausgleichs (siehe oben S....) zurückbekommt. Alexander sollte sich also an Helena wenden und verlangen, dass sie sich hälftig an den Darlehensraten beteiligt.

b) Abweichende Vereinbarungen

Alexander möchte das gemeinsame Haus allein übernehmen. Er bietet Helena an, das Restdarlehen allein abzubezahlen und ihr ihren Hausanteil abzukaufen, soweit er schon abbezahlt ist.

Gemeinschaftliche Kredite sind von beiden Partnern gemeinsam zurückzuführen, auch wenn die Beziehung womöglich schon lange gescheitert ist. Das ändert sich, wenn ein finanzierter Gegenstand nach dem Scheitern der Beziehung nur noch einem von ihnen zugutekommt. Wenn die Partner die finanzierten Gegenstände unter sich aufteilen, erklärt sich derjenige, der einen Gegenstand übernimmt, damit ausdrücklich oder jedenfalls durch schlüssiges Handeln bereit, auch die weitere Finanzierung des fraglichen Gegenstandes zu übernehmen. Alexander muss also die Zins- und Tilgungsleistungen für das Haus künftig allein bezahlen, und zwar ab Inbesitznahme durch ihn allein, spätestens aber ab dem Moment der Umschreibung im Grundbuch auf ihn.

Für Helena wäre es deutlich günstiger, wenn Alexander nicht nur die Raten bezahlen, sondern den Vertrag als Alleinschuldner auch im Außenverhältnis gegenüber der Bank übernehmen würde. Stellt Alexander Helena nämlich nur im Innenverhältnis frei und wird er später zahlungsunfähig oder zahlungsunwillig, könnte die Bank sich immer noch an sie halten.

Die Bank muss der Alleinübernahme des Darlehens durch Alexander nicht ohne Weiteres zustimmen. Es kann sein, dass ihr Alexander als Sicherungsgeber schlicht nicht ausreicht und sie sich kategorisch weigert, Helena aus der Mithaftung zu entlassen. Es kann auch sein, dass sie der Entlassung zwar zustimmt, aber nur um den Preis höherer Zinsen.

Tipp

Falls Ihr ehemaliger Partner ein gemeinsames Darlehen in Zukunft allein bedienen will, sollten Sie sich im eigenen Interesse dafür einsetzen, dass er auch im Außenverhältnis zum Alleinschuldner wird, und zwar selbst dann, wenn sich die Bank Ihren Austritt aus dem Vertrag durch höhere Zinsen bezahlen lässt. Es ist nämlich in jedem Fall besser, Ihre Abfindungssumme infolge der Zinserhöhung angemessen zu reduzieren, als Jahre und Jahrzehnte nach der Trennung wegen Insolvenz des ehemaligen Partners das alte Darlehen allein abbezahlen zu müssen.

Alexander zieht aus dem gemeinsamen Haus aus, Helena bleibt mit den Kindern dort wohnen.

Grundsätzlich ändert der bloße Auszug eines Partners nichts an der Verpflichtung im Innenverhältnis. Alexander und Helena haften also weiterhin zu jeweils 50 % für die Darlehensraten. Der Grund ist, dass die Partner die Immobilie weiterhin beide nutzen können: Sie könnten beide ausziehen und die Immobilie vermieten oder verkaufen. Sie könnten auch beide

Gesamtschuldnerausgleich und Nutzungsentschädigung

als Wohngemeinschaft darin wohnen. Verlässt Alexander das Haus, kann er seinen Anteil an der Immobilie zwar nicht persönlich nutzen und auch nicht vermieten, aber er kann von Helena eine angemessene Nutzungsentschädigung verlangen. Es kommt nicht darauf an, ob Alexander und Helena verheiratet waren. Dieser Anspruch steht sowohl Ehepartnern als auch nichtehelichen Partnern zu.

Bleibt ein solventer Partner im Haus, wird der ausgezogene Partner vermutlich von ihm erwarten, dass er allein für die Darlehensraten aufkommt. Zahlt Helena die Raten in voller Höhe, hat sie gegenüber Alexander keine Gesamtschuldnerausgleichsansprüche. Sie kann die Hälfte der monatlichen Rate aber mit Alexanders Anspruch auf Nutzungsentschädigung verrechnen.

Gemeinsame Darlehen im Interesse eines Partners

Beispiel 1: Irini kauft sich eine Wohnung. Anna zahlt die Darlehensraten hälftig mit und führt das auch nach der Trennung fort.

Beispiel 2: Alexander und Helena haben ein gemeinsames Girokonto. Im Zuge der Trennung teilen sie das Kontoguthaben hälftig untereinander auf. Helena benötigt für einen Möbelkauf dringend Geld und nutzt den Dispositionskredit des Kontos. Die Bank fordert Alexander auf, das Konto auszugleichen.

Haften zwei Partner gemeinschaftlich für eine Verbindlichkeit, von der nur einer von ihnen profitiert, muss dieser Partner nach Scheitern der Beziehung allein für die Verbindlichkeit aufkommen und die Aufwendungen des anderen komplett erstatten. Hat das Paar etwa für das Geschäft eines Partners ein Darlehen aufgenommen, das allein Betriebsinteressen diente und nicht der Aufrechterhaltung der Lebensgemeinschaft, haftet nach der Trennung der Inhaber des Geschäfts allein.

Das Gleiche gilt, wenn ein Partner während der bestehenden Gemeinschaft eine Immobilie über ein gemeinsames Darlehen mitfinanziert, die dem anderen allein gehört. Nach der Trennung ändert sich die Zahlungsverpflichtung im Innenverhältnis. Irini muss im ersten Beispiel die Raten fortan also allein tragen. Anna kann sich im Innenverhältnis von ihr freistellen lassen und Erstattung der nach der Trennung gezahlten Raten verlangen.

Im zweiten Beispiel muss Helena das Darlehen allein zurückzahlen, denn sie hat für eigennützige Zwecke Geld von einem gemeinsamen Konto abgehoben und dieses ins Minus gefahren.

Helena betreut nach der Trennung den gemeinsamen zweijährigen Sohn und bekommt von Alexander Unterhalt. Alexander zahlt das Hausdarlehen allein ab. Kann Alexander von Helena verlangen, dass sie sich hälftig an den Darlehensraten beteiligt?

Gesamtschuldnerausgleich und Unterhalt

Wenn Alexander Helena Ehegattenunterhalt oder Unterhalt wegen der Betreuung eines Kindes zahlt (siehe oben S. 89 ff.), hängt die Höhe des Unterhalts von seinen Einkommens- und Vermögensverhältnissen ab. Zahlungen auf Darlehen können das unterhaltsrelevante Einkommen reduzieren. Sinkt die Unterhaltsforderung infolge der kompletten Anrechnung der Darlehensraten, liegt darin eine „andere Bestimmung" und Alexander kann nicht noch zusätzlich Ansprüche im Rahmen des Gesamtschuldnerausgleichs geltend machen.

Das kann für Alexander ärgerlich sein, weil die Berücksichtigung der Darlehensraten im Unterhalt unterm Strich nicht zur kompletten Erstattung der hälftigen Monatsrate führt. Er könnte auf die Idee kommen, die Schulden bei der Unterhaltsberechnung auszuklammern und stattdessen den Gesamtschuldnerausgleich durchzuführen. Da Helenas Unterhaltsforderung in diesem Fall aber stiege, wäre diese Überlegung für ihn nur dann sinnvoll, wenn Helena sich die Erstattung der Raten leisten könnte.

Alleinschuld zugunsten des Partners

Alexander und Helena wollen heiraten. Helena studiert noch. Alexander nimmt für die Hochzeit und die Hochzeitsreise ein Darlehen von 15.000 Euro auf. Die beiden möchten außerdem ein Haus bauen. Alexanders Eltern bieten ihrem Sohn an, 100.000 Euro als günstig verzinstes Darlehen beizusteuern. Einige Jahre später scheitert die Ehe, beide Darlehen sind noch nicht komplett abbezahlt.

Diese Konstellation unterscheidet sich insofern von dem bisher Gesagten, als das „Hochzeitsdarlehen" hier nicht von beiden Partnern zusammen aufgenommen wird, sondern allein von Alexander. Das Darlehen kommt jedoch auch Helena zugute. Hochzeit und Hochzeitsreise hätte sie sich ohne das Darlehen nicht leisten können. Außerdem ist sie hälftige Miteigentümerin eines Hausgrundstücks, das jedenfalls zum Teil mit dem Darlehen finanziert wurde, das Alexanders Eltern ihrem Sohn zur Verfügung gestellt haben. Diese Konstellation ist juristisch problematisch. Sofern Helena mit der Aufnahme des „Hochzeitsdarlehens" einverstanden war, ist es gerecht und auch juristisch zu vertreten, wenn man annimmt, dass Alexander hier zu 50 % im Auftrag von Helena gehandelt hat. Wer im Auftrag eines anderen ein Darlehen aufnimmt, kann die Erstattung seiner Aufwendungen ganz oder teilweise vom Auftraggeber (in unserem Fall ist das Helena) verlangen. Man käme hier also auch zu einer Art Gesamtschuld.

Hinsichtlich des Hausdarlehens von Alexanders Eltern kann man ähnlich argumentieren. Jedenfalls die Darlehenszinsen wären damit von Helena zu erstatten. Schwieriger wird es bei den Tilgungsleistungen. Hier kommt es darauf an, ob und in welcher Höhe Helena ihrerseits Beiträge zum Erwerb der Immobilie geleistet hat und in Zukunft noch leisten wird. 100.000

Euro werden zum Erwerb der Immobilie sicherlich nicht gereicht haben. Da zu diesem Problemkreis bislang noch keine höchstrichterliche Entscheidung vorliegt, sollten Sie in einer solchen Konstellation dringend konkret vereinbaren, wer welche Beiträge zum Erwerb der Immobilie zu leisten hat.

06

STEUERRECHTLICHE FRAGEN

GEMEINSAME ODER GETRENNTE VERANLAGUNG?

Alexander und Helena leben seit dem 20.09.2014 unter einem Dach getrennt. Erst am 10.01.2015 zieht Alexander in eine eigene Wohnung. Kann sich das Paar für 2015 noch zusammen veranlagen lassen?

Ehegatten können grundsätzlich wählen, ob sie steuerlich getrennt oder zusammen veranlagt werden wollen. Üben sie ihr Wahlrecht nicht aktiv aus, wird das Finanzamt in aller Regel davon ausgehen, dass sie sich gemeinsam veranlagen lassen wollen. Dann werden sie wie ein einziger Steuerpflichtiger behandelt und es wird so getan, als würde jeder von ihnen die Hälfte des Gesamteinkommens verdienen. Ihre Einkünfte werden dafür addiert, anschließend halbiert und dann versteuert jeder „seine" Hälfte. So kommen Ehegatten in den Genuss des sogenannten Splittingtarifs, der in aller Regel für sie steuerlich vorteilhaft ist. Die Vorteile können erheblich sein, insbesondere wenn ein Ehegatte der Alleinverdiener ist und der andere den Haushalt führt. Verdienen beide Ehegatten hingegen gleich viel, ergibt sich bei einer Zusammenveranlagung die gleiche Einkommensteuer wie bei der Einzelveranlagung.

Auch eingetragene Lebenspartner können nun vom Splitting profitieren. Das Bundesverfassungsgericht hat am 07.06.2013 in mehreren Verfahren (unter anderem Az. 2 BvR 909/06) entschieden, dass die Ungleichbehandlung von eingetragenen Lebenspartnerschaften und Ehen in Bezug auf das Ehegattensplitting verfassungswidrig ist und dem Gesetzgeber aufgegeben, dem auch rückwirkend für vergangene Steuerjahre abzuhelfen. Auch eingetragene Lebenspartner dürfen sich mithin gemeinsam zur Einkommensteuer veranlagen lassen.

Ausnahmsweise kann die Steuer bei einer Zusammenveranlagung allerdings auch höher ausfallen als bei getrennter Veranlagung, etwa durch die Verringerung der beschränkt abzugsfähigen Sonderausgaben bei Einkünften aus unterschiedlichen Einkunftsarten oder im Bereich der Kirchensteuer durch die Zurechnung von Einkommensteilen des Ehegatten. Es bietet sich an, sich vor der Eheschließung oder bei einer erheblichen Änderung der ehelichen Einkommens- und Vermögensverhältnisse von einem Steuerberater oder einem Anwalt für Steuerrecht beraten zu lassen, der auch über familienrechtliche Kenntnisse verfügt.

Dauerhaftes Getrenntleben im Steuerrecht

Ein Wahlrecht haben die Ehegatten nur dann, wenn sie unbeschränkt einkommensteuerpflichtig sind und nicht dauerhaft getrennt leben (§ 26 Abs. 1 Satz 1 EStG). Diese Voraussetzungen müssen an mindestens einem Tag des Veranlagungszeitraums vorgelegen haben. Würde die familienrechtliche Definition des Getrenntlebens gelten, wären Alexander und Helena im Jahre 2015 bereits getrennt zu veranlagen, weil sie seit September 2014 dauerhaft getrennt lebten und an keinem Tag des Jahres 2015 zusammengelebt haben. Im Steuerrecht ist hingegen das „Gesamtbild der Lebens-und Wirtschaftsgemeinschaft" entscheidend, das sich vorrangig am Zeitpunkt der räumlichen Trennung orientiert. Danach könnten sich Alexander und Helena für 2015 noch gemeinsam veranlagen lassen.

Ein Wahlrecht besteht nicht mehr, wenn die Ehe im Veranlagungszeitraum aufgelöst wird und einer der Ehegatten im
selben Veranlagungszeitraum – im obigen Beispiel: 2015 –
wieder heiratet und gemeinsam mit seinem neuen Partner die
Voraussetzungen der gemeinsamen Veranlagung erfüllt.

06

Ehepartner, die sich zusammen veranlagen lassen, können
durch die Wahl ihrer Steuerklassen beeinflussen, wie hoch
ihr monatlich ausgezahlter Arbeitslohn ausfällt. Bei der Wahl
der Kombination III/V wird der Partner mit der Steuerklasse III
niedriger besteuert als ein Lediger, der Partner mit der Steuerklasse V hingegen deutlich höher. Diese Kombination lohnt
sich also, wenn ein Partner deutlich besser verdient als der andere. Der Besserverdienende wählt dann die Klasse III, der andere die Klasse V. Verdienen die Partner ungefähr gleich viel,
sollten sie die Kombination IV/IV wählen. Dann entsprechen
ihre Abzüge denen von Ledigen mit Steuerklasse I. Die Wahl
der Steuerklasse beeinflusst nur, wie hoch die Steuerabzüge
vom Erwerbseinkommen im Laufe des Steuerjahres ausfallen.
Welche Kombination die Ehegatten auch wählen: Die Steuerlast laut Steuerbescheid bleibt unabhängig von der Klassen-
wahl immer gleich hoch.

*Wahl der Steuer-
klassen*

Nichteheliche Lebensgefährten können sich nicht gemeinsam
veranlagen lassen und haben auch sonst keine steuerlichen
Vorteile durch ihre Lebensgemeinschaft. Ihnen bleiben nur
solche Vorteile, die ihnen als Eltern zustehen, nämlich die Kinderfreibeträge und das Kindergeld. Es gibt allerdings einen
steuerlichen Nachteilsausgleich, wenn ein Partner aufgrund
der nichtehelichen Lebensgemeinschaft keine oder geringe-
re Sozialleistungen erhält. Der Partner, der den anderen als
Teil der Bedarfsgemeinschaft (siehe oben S. 88) mit unterhal-
ten muss, kann seine „Unterhaltsleistungen" bis zu maximal
8.004 Euro im Jahr als außergewöhnliche Belastung steuerlich geltend machen und so einen Teil seiner Leistungen wieder wettmachen. Als außergewöhnliche Belastung abzugsfä-

Nichteheliche Partner

hig sind auch Unterhaltsleistungen nach § 1615 l BGB (siehe oben S. 89 ff.).

GESAMTSCHULD BEI ZUSAMMEN-VERANLAGUNG

Zusammen veranlagte Ehegatten sind Gesamtschuldner der Steuerforderung. Keine Rolle spielt dabei, welcher Ehepartner im Innenverhältnis tatsächlich für die Steuerschuld verantwortlich ist. Macht das Finanzamt bei Ihnen Zahlungen geltend, die Ihren Anteil im Innenverhältnis übersteigen, können Sie die Zahlung nicht verweigern. Sie können allerdings eine sogenannte Beschränkung der Vollstreckung auf Ihren Anteil beantragen (§ 268 AO). Ihren Anteil müssen Sie also in jedem Fall bezahlen. Um die Zwangsvollstreckung insoweit zu verhindern, sollten Sie bei der Zahlung ganz deutlich angeben, dass Sie nur auf den eigenen Anteil zahlen und nicht auf den Anteil Ihres Ehegatten.

Stimmt ein Ehegatte der Zusammenveranlagung durch die gemeinsame Unterzeichnung des Mantelbogens zu, kann es passieren, dass er sich zum Beispiel Falschangaben, eine verspätete Abgabe der Steuererklärung oder Verstöße des anderen Ehegatten gegen die Belegvorlagepflicht zurechnen lassen muss.

Misstraut man dem Ehepartner, der die Steuererklärung errichtet hat, will man aber Sanktionen des Finanzamts wegen verspäteter Abgabe der Steuererklärung oder gar eine zwangsweise getrennte Veranlagung vermeiden, sollte man vom Partner eine Erklärung verlangen, dass er

Tipp

Beachten Sie, dass eine Freistellungserklärung nicht vor den steuerstrafrechtlichen Folgen einer gemeinsamen Erklärung schützt. Unterschreiben Sie die von Ihrem Partner gefertigte Steuererklärung, machen Sie sich auch seine falschen Angaben zu eigen und müssen gegebenenfalls mit einer Anzeige rechnen. Um das zu verhindern, sollten Sie getrennte Erklärungen abgeben und dem Finanzamt mitteilen, dass Sie mit der Durchführung der gemeinsamen Veranlagung einverstanden ist. Das widerspricht zwar der gesetzlich vorgeschriebenen Form des § 25 Abs. 3 Satz 2 EStG, wird aber von den Finanzämtern akzeptiert.

einen von etwaigen Forderungen des Finanzamts freistellt. Das bietet sich insbesondere an, wenn der Partner im Innenverhältnis ohnehin verpflichtet wäre, die Steuerlast allein zu tragen.

06

Man könnte nun auf die Idee kommen, im Fall der Trennung immer die getrennte Veranlagung zu wählen, um die Mithaftung zu vermeiden. Solange die Ehegatten noch nicht geschieden sind, gilt aber die eheliche Lebensgemeinschaft dem Grunde nach fort. Daher müssen die Ehegatten finanzielle Belastungen des anderen möglichst vermeiden und finanzielle Vorteile soweit zumutbar in Anspruch nehmen. Das bedeutet, dass die Ehegatten voneinander verlangen und einander sogar darauf verklagen können, dass die Zusammenveranlagung gewählt wird, wenn dies für keinen von beiden nachteilig ist.

Verletzt ein Ehegatte seine Pflicht, der Zusammenveranlagung zuzustimmen, und entstehen den Ehegatten dadurch finanzielle Nachteile, kann er sich schadensersatzpflichtig machen. Das Gleiche gilt, wenn ein Ehegatte schuldhaft seine Pflicht zur Mitwirkung im steuerlichen Verfahren verletzt, zum Beispiel die Steuererklärung zu spät abgibt, falsche Angaben macht oder Angaben unterlässt, mit denen eine Reduzierung der Steuerlast hätte erreicht werden können.

AUFTEILUNG DER STEUERSCHULD IM INNENVERHÄLTNIS

Haben die Ehegatten nicht ausdrücklich etwas anderes vereinbart, bestehen Ausgleichsansprüche im Innenverhältnis erst ab der Trennung. Sie beschränken sich allein auf Steuerzahlungen nach der Trennung, selbst wenn diese sich auf Veranlagungszeiträume beziehen, in denen die Ehegatten noch nicht getrennt gelebt haben. Trennung und Scheidung sollen nämlich nicht dazu führen, dass die Kosten der allgemeinen Lebensführung, zu denen auch Steuerzahlungen gehören, nachträglich „aufgerollt" werden können. Sind diese einmal bezahlt oder von der ehelichen Lebensgemeinschaft vereinnahmt worden, kommt ein Ausgleich nicht mehr in Betracht.

Forderungen des Finanzamts, aber auch Steuerrückzahlungen, sind im Innenverhältnis der Ehegatten ihrem jeweiligen Anteil an der Steuerschuld oder dem Steuerguthaben entsprechend aufzuteilen. Die Aufteilung der Steuerschuld im Innenverhältnis geschieht nach Maßgabe einer „fiktiv getrennten Veranlagung": Mithilfe eines Steuerberaters oder eines Steuerprogramms errechnet man, welchen Anteil jeder Ehegatte bei getrennter Veranlagung an der Steuerlast zu tragen gehabt hätte. Diese Quote wird dann 1:1 auf das aufzuteilende Guthaben bzw. die Finanzamtsforderung angewandt.

STEUERLICHE FOLGEN VON SCHEIDUNG UND FOLGESACHEN

a) Scheidungskosten absetzen

Die bei der Scheidung entstehenden Gerichts- und Anwaltskosten können nach § 33 EStG als außergewöhnliche Belastung geltend gemacht werden. Die Kosten müssen allerdings eine gewisse zumutbare Belastung überschreiten, die der Höhe nach von den Einkünften des Steuerpflichtigen abhängt und davon, wie viele Kinder er hat. Absetzbar sind nur die unmittelbaren Scheidungskosten. Muss der Steuerschuldner im Zuge der Trennung und Scheidung umziehen oder sich neu einrichten, sind diese Kosten nicht absetzbar. Auch sind zum Beispiel die Kosten von Streitigkeiten über Unterhalt und die Kosten von Zugewinnausgleichsregelungen nicht steuerlich absetzbar.

b) Ehegattenunterhalt absetzen

Abzug als Sonderausgabe

Schuldet ein Partner dem anderen Ehegattenunterhalt, kann der Unterhaltspflichtige seine Zahlungen im Wege des soge nannten begrenzten Realsplittings steuerlich berücksichtigen lassen, wenn der andere Ehegatte zustimmt. Dazu muss die Anlage U zur Steuererklärung unterzeichnet werden. Ehegattenunterhaltszahlungen sind begünstigte Aufwendungen und damit zum Sonderausgabenabzug zugelassen (§ 10 Abs. 1a Nr. 1 EStG). Auch Sachleistungen können hier berücksichtigt werden. Eine Sachleistung wäre zum Beispiel, wenn Alexander Helena auch nach der Scheidung unentgeltlich in seinem Haus wohnen ließe und dadurch ganz oder teilweise seiner Unterhaltspflicht nachkäme.

06

Wenn ein Ehegatte sich Unterhaltsleistungen – maximal 13.805 Euro im Jahr – als Sonderausgabe abziehen lässt, entstehen beim Unterhaltsberechtigten in gleicher Höhe steuerpflichtige Einkünfte. Es handelt sich um „echte" Einkünfte, die für den Unterhaltsempfänger nachteilig sein können: Zum einen kann sich seine Steuerlast erhöhen bzw. durch den Unterhalt erstmals eine Steuerpflicht entstehen. Zum anderen können Sozialleistungen wie das Wohngeld, das Erziehungsgeld oder die beitragsfreie Mitversicherung von Angehörigen in der gesetzlichen Krankenversicherung (Familienversicherung) wegfallen, weil plötzlich die sozialrechtliche Grenze von Einkünften überschritten wird. Ein Unterhaltspflichtiger, der die Vorteile des begrenzten Realsplittings in Anspruch nehmen möchte, kann vom Unterhaltsberechtigten daher nur verlangen, die Anlage U zu unterzeichnen, wenn er sich gleichzeitig verpflichtet, die steuerlichen und sonstigen Nachteile des Realsplittings zu ersetzen.

Anstelle des begrenzten Realsplittings kann der Unterhalt auch als außergewöhnliche Belastung geltend gemacht werden. Die steuerlichen Vorteile sind in aller Regel weniger interessant als beim begrenzten Realsplitting, da der anrechnungsfähige Höchstbetrag nur 8.004 Euro beträgt und durch Einkommen des Unterhaltsberechtigten noch verringert wer-

Abzug als außergewöhnliche Belastung

den kann. Für den Unterhaltsberechtigten entstehen aber keine steuerlichen Nachteile.

c) Zugewinnausgleich und Versorgungsausgleich

Der Empfänger einer Zugewinnausgleichszahlung muss diese weder der Schenkungssteuer noch der Einkommensteuer unterwerfen. Zum einen ist der Vermögensausgleich keine „Wohltat" für den Ausgleichsberechtigten, sondern der Ausgleich für einen Vermögenstransfer, der während der ehelichen Lebensgemeinschaft nicht stattgefunden hat. Zum anderen wurde das auszugleichende Vermögen aus Einkünften gebildet, für die die Ehegatten bereits Einkommen- oder Kapitalertragssteuer gezahlt haben. Der Ausgleichsverpflichtete kann mit gleicher Begründung umgekehrt seine Zahlung nicht als außergewöhnliche Belastung einkommensmindernd berücksichtigen lassen.

Schuldrechtliche Ausgleichsrente

In seltenen Konstellationen kann es im Versorgungsausgleich passieren, dass nicht nur die ehelich erworbenen Anwartschaften ausgeglichen werden müssen, sondern ein Partner dem anderen zusätzlich eine schuldrechtliche Ausgleichsrente zahlen muss. Diese kann der Ausgleichspflichtige gemäß § 10 a Abs. 1 Nr. 1 EStG als sogenannte dauernde Last geltend machen. Der ausgleichsberechtigte Ehegatte muss seinerseits die Einnahmen versteuern (§ 22 Nr. 1a EStG). Bei der schuldrechtlichen Ausgleichsrente handelt es sich nicht um Unterhaltszahlungen. Insofern ist es für die Geltendmachung der Ausgleichszahlung als dauernde Last nicht erforderlich, der Einkommensteuererklärung die Anlage U beizufügen.

DER ZUGEWINNAUSGLEICH

06

Alexander und Helena haben 2005 geheiratet. Zu Beginn der Ehe war Alexander Eigentümer des Hausgrundstücks, in dem sie bis zu ihrer Trennung im Jahr 2014 lebten. Helena hatte damals kein Vermögen, lediglich BAföG-Schulden in Höhe von 10.000 Euro. Bei Einreichung des Scheidungsantrags ist das Grundstück insgesamt 300.000 Euro wert, bei Eheschließung war es noch mit Darlehen von 200.000 Euro belastet. Diese haben die beiden im Laufe der Ehe komplett abbezahlt. Helena hat sich an den Darlehensraten beteiligt und einmal 50.000 Euro in das Grundstück investiert. 2012 hat Alexander ihr das halbe Grundstück übertragen. Sie haben ein gemeinsames Konto, auf dem sich 10.000 Euro befinden, und ein gemeinsames Auto im Wert von 10.000 Euro. Weiteres nennenswertes Vermögen haben sie nicht.

Lassen sich Ehegatten scheiden oder vereinbaren sie ehevertraglich Gütertrennung oder Gütergemeinschaft, endet der gesetzliche Güterstand und es können Zugewinnausgleichsansprüche entstehen.

Der Zugewinn ist der Betrag, um den das Endvermögen eines Ehegatten das Anfangsvermögen übersteigt (§ 1373 BGB). Hat sich die Vermögenslage eines Ehegatten während der Ehe verschlechtert, hat er keinen Zugewinn erwirtschaftet. Haben beide Minus gemacht, findet kein Zugewinnausgleich statt.

Zugewinn

Das Anfangsvermögen ist das Vermögen, das einem Ehegatten nach Abzug der Verbindlichkeiten beim Eintritt des Güterstandes gehört (§ 1374 Abs. 1 BGB). Stichtag der Berechnung des Anfangsvermögens ist also der Tag der standesamtlichen Eheschließung. Hatten die Ehepartner zunächst einen anderen Güterstand vereinbart, kehren dann aber in die Zugewinngemeinschaft zurück, ist Stichtag das Datum des Ehevertrages.

Anfangsvermögen

Als Vermögen bezeichnet man alles von Geldwert, seien dies Sachen (zum Beispiel Immobilien, Kraftfahrzeuge, Bargeld) oder Rechtspositionen (zum Beispiel Wertpapiere, Darle-

hensforderungen, Wohnungsrechte). Bei Vermögenswer-
ten, die der Altersvorsorge dienen, muss man differenzieren.
Ehezeitliche Versorgungsanrechte, über die bereits der Versorgungsausgleich stattfindet (dazu gleich mehr) sind dem
güterrechtlichen Ausgleich entzogen. Problematisch sind
Kapitallebensversicherungen. Ob sie güterrechtlich ausgeglichen werden oder im Versorgungsausgleich, kommt auf
ihre Gestaltung an. Anrechte der betrieblichen Altersvorsorge
etwa sind zwar häufig Kapitallebensversicherungen, unterfal-
len aber dennoch dem Versorgungsausgleich.

Alexander verfügte bei Eheschließung über das Hausgrundstück im Wert von 300.000 Euro, das mit Schulden von
200.000 Euro belastet war. Er hatte also ein Anfangsvermögen
von 100.000 Euro. Helena ist mit einem negativen Anfangsvermögen von 10.000 Euro in die Ehe gestartet.

Endvermögen

Endvermögen ist gemäß § 1375 BGB das Vermögen, das einem Ehegatten nach Abzug der Verbindlichkeiten bei der Beendigung des Güterstandes gehört. Auch das Endvermögen
kann negativ sein.

Der Güterstand endet spätestens mit Rechtskraft des Scheidungsbeschlusses. Bedenkt man, dass Scheidungsverfahren
nicht selten länger als ein Jahr dauern, hätte ein illoyaler Ehegatte nach der Trennung noch lange die Gelegenheit, Verfügungen zu treffen, um den Zugewinnausgleich des anderen
zu schmälern bzw. ganz zu vereiteln. Der Stichtag zur Berechnung des Endvermögens wird daher im Scheidungsfall vorda-
tiert, und zwar auf den Moment, in dem der Scheidungsantrag
des einen Ehegatten dem anderen zugestellt wurde (= Rechtshängigkeit des Scheidungsantrages).

Alexander ist zum Stichtag nur noch Eigentümer des halben
Grundstücks (150.000 Euro), weil er Helena die Hälfte zugewandt hat. Ferner ist er Eigentümer des halben Haushaltskon-

tos (5.000 Euro) und des halben gemeinsamen Pkw (ebenfalls 5.000 Euro). Sein Endvermögen übersteigt das Anfangsvermögen um 60.000 Euro.

Helena ist ebenfalls hälftige Eigentümerin des Grundstücks, des Pkw und des Kontos (160.000 Euro). Weil sie mit Schulden von 10.000 Euro in die Ehe gestartet ist, beträgt ihr Zugewinn 170.000 Euro.

06

Übersteigt der Zugewinn des einen Ehegatten den Zugewinn des anderen, so steht die Hälfte des Überschusses dem anderen Ehegatten als Ausgleichsforderung zu (§ 1378 BGB). Helenas Zugewinn beträgt 170.000 Euro, der von Alexander 60.000 Euro. Die Hälfte der Differenz von 110.000 Euro, also 55.000 Euro, muss Helena an Alexander zahlen.

Ausgleichsforderung

Helena bekommt keinen gesonderten Ausgleich dafür, dass sie 50.000 Euro in Alexanders Haus investiert hat. Das ist nach der Rechtsprechung auch nicht ungerecht:

- Hätte sie die 50.000 Euro behalten, müsste sie dafür ebenfalls den Zugewinnausgleich zahlen.
- Sie hat die 50.000 Euro nicht auf ihrem Konto belassen oder ausgegeben, sondern damit Alexanders Vermögen vermehrt. Ein Teil des Geldes ist aber im Wege der Zugewinnbilanz wieder an sie zurückgeflossen.
- Alexander hat ihr die Hälfte seines von ihr mit abbezahlten Grundstücks übertragen. Im Wege des Zugewinnausgleichs fließt nur die Hälfte des Grundstückswertes wieder an ihn zurück, der Rest verbleibt bei Helena. Sie hat also die 50.000 Euro gewissermaßen in ihre eigene Immobilie investiert.

Man hat keinen Anspruch darauf, dass man seine Investitionen im Scheidungsfall 1:1 zurückerhält. Selbst wenn Helena von den 50.000 Euro gar nichts zurückbekäme, wäre das auch noch hinnehmbar. Immerhin hat sie einige Jahre mit in der Immobilie gewohnt.

Alexander und Helena können natürlich unabhängig vom güterrechtlichen Ausgleich vereinbaren, dass Helena ihre Investition zurückerhält (ein kurzer Überblick zu vertraglichen Gestaltungen siehe unten auf S. 143 ff.). Es müsste aber daran gedacht werden, dass die Forderungen aus solch einem Vertrag geldwerte Ansprüche auslösen, die ihrerseits im Zugewinnausgleich berücksichtigt werden müssen. Um unerwünschte Ergebnisse zu vermeiden, sollte man sich vor einer solchen Vereinbarung anwaltlich beraten lassen.

DER AUSGLEICH VON RENTEN-ANWARTSCHAFTEN (VERSORGUNGS-AUSGLEICH)

Nachdem Alexander und Helena einige Jahre zusammen waren, wird Helena schwanger und bringt den gemeinsamen Sohn David zur Welt. Vier Jahre später heiraten Alexander und Helena. Nach der Eheschließung wird die gemeinsame Tochter Nina geboren. Helena war zunächst Studentin und hat sich dann um die Kinder gekümmert. Ins Berufsleben steigt sie erst ein, als Nina in den Kindergarten kommt. Alexander hat die ganze Zeit gearbeitet.

Helena ist wegen der Betreuung der gemeinsamen Kinder nicht sofort nach ihrem Studium in den Beruf gestartet. Sie hat daher auch erst jetzt begonnen, in die gesetzliche Rentenkasse einzuzahlen. Würde die Ehe in den kommenden Jahren geschieden, hätte sie ihren Rückstand auf Alexander noch nicht aufgeholt. Wenn Alexander mehr verdient als sie, wird sie ihn womöglich auch nie mehr ausgleichen können. Hat ein Ehepartner während der Ehezeit weniger Rentenanwartschaften gebildet als der andere, hat er Anspruch auf Ausgleich der Differenz im sogenannten Versorgungsausgleich.

Versorgungsanrechte sind nach § 2 Abs. 1 VersAusglG An- Versorgungsanrechte
wartschaften auf Versorgungen und Ansprüche auf laufende
Versorgungen, insbesondere

06

- aus der gesetzlichen Rentenversicherung,
- aus anderen Regelsicherungssystemen wie der Beamten-
  versorgung oder der berufsständischen Versorgung,
- aus der betrieblichen Altersversorgung oder
- aus der privaten Alters- und Invaliditätsvorsorge.

Die meisten derzeitigen und kommenden Rentnergenerati-
onen erhalten ihre Leistungen aus der gesetzlichen Rentenversicherung. Für Arbeitnehmer besteht grundsätzlich Ver-
sicherungspflicht. Sie werden automatisch Mitglieder der
Deutschen Rentenversicherung und sind zur Entrichtung von
Versicherungsbeiträgen verpflichtet. Nach einer gewissen
Mindestversicherungszeit hat jedes Versicherungsmitglied
sodann Anspruch auf eine Rente. Wie viel Rente man bekommt, richtet sich danach, wie lange und in welcher Höhe
man in die Rentenversicherung eingezahlt hat.

Ein Anrecht ist nur dann auszugleichen, wenn es durch Er- Auszugleichende
werbstätigkeit oder durch Einsatz von Vermögen begründet Versorgungsanrechte
wurde und der Absicherung im Alter oder bei Invalidität, insbesondere wegen verminderter Erwerbsfähigkeit, Berufsun-
fähigkeit oder Dienstunfähigkeit, dient. Außer Betracht bleiben also etwa Versorgungen, die einem Ehegatten von einem
Dritten geschenkt oder aus geschenkten Mitteln erworben
wurden. Auch Renten mit Entschädigungscharakter bleiben
im Versorgungsausgleich außer Betracht:

Alexander erlitt vor einigen Jahren bei einem unverschuldeten Autounfall schwere Verletzungen. Da sich der Unfall während einer Dienstfahrt ereignete, erhält er von der gesetzlichen Unfallversicherung eine Unfallrente.

Ausgleich der Versorgungsanrechte

Die in der Ehezeit erworbenen Anrechte sind jeweils zur Hälfte zwischen den geschiedenen Ehegatten zu teilen. Ausgleichspflichtig ist der Partner mit den höheren Anrechten. Dem ausgleichsberechtigen Ehegatten steht die Hälfte des Wertes des jeweiligen Ehezeitanteils zu. Anwartschaften, die vor der Eheschließung oder nach der Rechtshängigkeit des Scheidungsantrages gebildet werden, sind nicht Gegenstand des Versorgungsausgleichs.

Helena hat während der Ehe gearbeitet, wenn auch nicht so viel und so lange wie Alexander. Alexander hat voll gearbeitet. Er dürfte daher Helena zum Ausgleich verpflichtet sein, auch wenn bei Helena die Kindererziehungszeiten für David und Nina hinzuzurechnen sind.

Bis zum dritten Lebensjahr eines Kindes erhält der erziehende Elternteil pro Jahr gutgeschrieben, was ein Durchschnittsverdiener an Pflichtbeiträgen aus seinem Einkommen in die Rentenkasse eingezahlt hätte.

Nichteheliche Lebensgefährten kommen nicht in den Genuss des Versorgungsausgleichs, selbst wenn sie einige Jahre oder Jahrzehnte lang eine Lebensgemeinschaft geführt und füreinander gesorgt haben. Sie können auch nicht freiwillig Rentenanwartschaften vom Versicherungskonto des einen auf das Konto des anderen übertragen. Über sein Rentenkonto kann man nicht frei verfügen. Nichteheliche Lebensgefährten und auch Ehegatten, die erst Jahre nach Beginn ihrer Lebensgemeinschaft geheiratet haben, können aber vertraglich einen Ausgleich für solche verlorenen Zeiten vereinbaren. Sie sollten sich von spezialisierten Rentenberatern ausrechnen lassen, wie viel sie und ihr Partner im fraglichen Zeitraum in die Versorgungssysteme eingezahlt haben und wie viele Anwartschaften damit gebildet wurden. Man kann dann durch Ehe- oder Partnerschaftsvertrag vereinbaren, dass der andere Partner eine gewisse Entschädigung in Geld erhält.

06

DIE RÜCKABWICKLUNG VON SCHENKUNGEN BEI NICHTEHELICHEN PAAREN

Alexander hat Helena geholfen, einen Kleinkredit abzuzahlen. Außerdem hat er ihr letztes Jahr ein gebrauchtes Auto gekauft und ihr zu Weihnachten zwei CDs geschenkt, die sie sich gewünscht hatte. In den letzten Jahren hat er den gemeinsamen Haushalt quasi allein finanziert. Als Helena sich von ihm trennt, verlangt er einen Ausgleich.

Wer in einer Beziehung, in der die Partner keine gegenseitigen Rechte und Pflichten haben, dem Partner Zuwendungen macht, tut dies aus freiem Antrieb und darf sich hinterher nicht beklagen, falls seine Hoffnung auf einen dauerhaften Bestand der Gemeinschaft enttäuscht wird. Nur in bestimmten Ausnahmefällen kommt ein finanzieller Ausgleich in Betracht.

Unterhaltsleistungen für den gemeinsamen Haushalt oder Gelegenheitsschenke wie die CDs können nach dem Ende der Gemeinschaft nicht zurückgefordert werden, sie hatten und behalten ihre Rechtsgrundlage in der damals noch intakten Lebensgemeinschaft. Schenkungen – auch Gelegenheitsgeschenke – könnten allenfalls wegen groben Undanks (§ 530 BGB) widerrufen oder zurückgefordert werden, wenn ein Partner binnen zehn Jahren nach der Schenkung bedürftig geworden ist (§ 528 BGB).

> Ein Widerruf von Schenkungen wegen groben Undanks ist bei jeder Partnerschaftsform denkbar, nicht nur bei der nichtehelichen Lebensgemeinschaft.

Widerruf wegen groben Undanks

Dazu müsste der Empfänger, hier Helena, sich aber einer schweren Verfehlung schuldig gemacht haben. Groben Undank nimmt man zum Beispiel an bei Bedrohungen, körperlichen Misshandlungen, schweren Beleidigungen, grundlosen und bewusst falschen Strafanzeigen oder grundlosem Anschwärzen des anderen beim Arbeitgeber. Dass Helena sich von Alexander getrennt und womöglich einem neuen Partner zugewandt hat, wäre für sich genommen sicherlich noch kein Fall groben Undanks. Ein Widerrufsgrund wäre es aber, wenn Helena Schenkungen angenommen hätte, obwohl sie sich bereits fest zur Trennung entschlossen hatte oder sogar schon eine neue Beziehung eingegangen war.

Bei der Zuwendung des Autos und der Tilgung des Kredits kann es sich zwar auch um Geschenke gehandelt haben, vermutlich handelt es sich aber eher um Zuwendungen, die dem Unterhalt der Lebensgemeinschaft dienen sollten. Diese haben Alexanders üblichen Beitrag zum Haushalt wertmäßig aber wohl deutlich überschritten. In solchen Fällen sind Rückforderungsansprüche denkbar, zwar nicht aus dem ehelichen Güterrecht, womöglich aber nach gesellschafts- oder gemeinschaftsrechtlichen Grundsätzen, nach Bereicherungsrecht oder wegen Störung der Geschäftsgrundlage. Hierzu im Detail mehr im nächsten Abschnitt.

Um das Ergebnis schon einmal vorwegzunehmen: Dass Alexander für diese beiden Zuwendungen einen Ausgleich verlangen kann, ist eher unwahrscheinlich, jedenfalls wenn die Partnerschaft, wie hier, einige Jahre gedauert hat. Hätte Alexander sichergehen wollen, dass er im Fall der Trennung bestimmte Leistungen oder Zuwendungen zurückerhält, hätte er vertraglich vorsorgen müssen. Solchen Verträgen geschweige denn umfassenden Partnerschaftsverträgen begegnet man in der Praxis so gut wie nie.

RÜCKGEWÄHR BESONDERER LEISTUNGEN WÄHREND DER LEBENSGEMEINSCHAFT

DAS PROBLEM

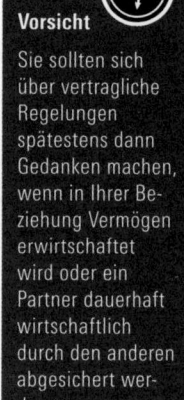

Vorsicht

Sie sollten sich über vertragliche Regelungen spätestens dann Gedanken machen, wenn in Ihrer Beziehung Vermögen erwirtschaftet wird oder ein Partner dauerhaft wirtschaftlich durch den anderen abgesichert werden muss.

06

Eheleute und nichteheliche Lebensgefährten müssen nach einer Trennung ihr gemeinsames Vermögen und ihre gemeinsamen Schulden aufteilen. Erbringt ein Partner nach der Trennung Leistungen für die beendete Gemeinschaft, hat er Gesamtschuldnerausgleichsansprüche. Leistungen oder Zuwendungen, die ein Partner für den anderen während der Lebensgemeinschaft erbracht hat, werden hingegen nicht ausgeglichen. Das gilt in jedem Fall für Tätigkeiten im gemeinsamen Haushalt, zum Beispiel Hauswirtschaftstätigkeiten, die Kindererziehung, die Pflege des Partners und Handwerksleistungen, aber auch für die Finanzierung von Urlauben, Kleidung, Lebensmitteln etc.

Eheleute haben zusätzlich Anspruch auf Ausgleich des während der Partnerschaft geschaffenen Gewinns, und zwar im Wege des Zugewinnausgleichs und des Versorgungsausgleichs (siehe oben S. 123 ff. und S. 126 ff.).

Übersteigen die in der Lebensgemeinschaft erbrachten Leistungen erheblich das Maß dessen, was im Rahmen des Zusammenlebens in einer Lebensgemeinschaft üblich ist, kann das im Einzelfall ungerecht sein.

Anna will ihren Traum verwirklichen und eröffnet eine Konditorei. Irini hilft ihr gelegentlich am Wochenende aus, finanziert kleinere Anschaffungen mit und bürgt später sogar für ein Geschäftsdarlehen. Die Geschäfte laufen so gut, dass Anna Gewinn zu machen beginnt, größere Geschäftsräume anmietet und über die Einstellung von Personal nachdenkt. Irini hängt ihren Teilzeitjob an den Nagel und arbeitet nun in jeder freien Minute im Laden und in der Backstube mit. Als die Beziehung einige Jahre später scheitert, fragt sie sich, ob ihre finanziellen Opfer und ihre Mithilfe im Betrieb für die Katz waren.

Anna hat ihre Konditorei aus eigenem Antrieb eröffnet. Irini hat dort zunächst nur ausgeholfen, die Mitarbeit aber erheblich aufgestockt, als sie ihre bisherige Erwerbstätigkeit aufgab. Sie hat außerdem finanzielle Risiken übernommen. Diese Leistungen haben nicht (nur) dem gemeinsamen Haushalt gedient, sondern auch dazu beigetragen, dass Anna ihr Geschäft ausbauen konnte. Nach der Trennung gehört aber allein Anna das so erworbene Vermögen.

Wie solch ein Fall zu lösen ist, ist unterschiedlich zu beantworten, je nachdem ob die Partner verheiratet bzw. verpartnert waren oder nicht. Wären Anna und Irini verpartnert, würde Irini über den Zugewinnausgleich jedenfalls zu einem gewissen Teil an den Früchten des Erfolgs beteiligt. Als nicht eingetragene Lebensgefährtin würde sie hingegen leer ausgehen.

AUSGLEICH FÜR NICHTEHELICHE LEBENSGEFÄHRTEN

Kein Ausgleich über das Güterrecht

Hätten Anna und Irini ihre Lebenspartnerschaft nicht eintragen lassen, würde Irini für Gewinne während der Partnerschaft nicht ohne Weiteres einen Ausgleich erhalten. Sie hat zwar planmäßig über mehrere Jahre hinweg in erheblichem Umfang mit Anna zusammengearbeitet, um deren Konditorei zu einem erfolgreichen Geschäft zu machen, auf das Güterrecht von Eheleuten und Lebenspartnern kann sie sich aber dennoch nicht berufen. Auch eine entsprechende Anwendung dieser Vorschriften auf Lebensgemeinschaften ohne Trauschein scheidet nach einhelliger Auffassung der Rechtsprechung aus.

06

Auch Ehegatten oder Lebenspartner, die ehevertraglich Gütertrennung vereinbart haben und aus diesem Grund keinen güterrechtlichen Ausgleichsanspruch haben, können ihre Gewinne während der Partnerschaft nicht ohne Weiteres ausgleichen.

Mögliche gesetzliche Grundlagen für Ausgleichsansprüche finden sich im Gesellschaftsrecht, Bereicherungsrecht, Dienstvertragsrecht, Auftragsrecht, können auf einer Störung der Geschäftsgrundlage beruhen (§ 313 BGB) oder sich aus dem Widerruf einer Schenkung ergeben (§ 530 BGB). Die Differenzierung zwischen diesen Ansprüchen ist teilweise sehr „feinsinnig" und schon für den mit diesen Dingen befassten Juristen schwer zu handhaben. Die folgende Darstellung soll Ihnen nur einen Überblick darüber geben, wie im Einzelfall argumentiert werden kann. Verlässliche Lösungsskizzen und Fallgruppen gibt es nicht.

a) Gesellschaftsrechtliche Ansprüche

Eine Lebensgemeinschaft ist keine Gesellschaft im Sinne des Zivilrechts. Die Partner wollen miteinander ihr Leben teilen und verfolgen nicht primär wirtschaftliche Zwecke. Die Grenzen verwischen aber, wenn sie einen wirtschaftlichen Wert schaffen, den sie für die Dauer ihrer Partnerschaft gemeinsam nutzen wollen und der ihnen nach ihrer Vorstellung gemeinsam gehören soll. Das kann ein gemeinsamer Vermögenswert sein – ein Wertpapierdepot, eine Immobilie, der Aufbau eines gemeinsamen Geschäfts – oder die Investition in einen Vermögenswert, zum Beispiel ein Geschäft des anderen Partners.

Mögliche Ausgleichsansprüche

Tipp
Investieren Sie ohne Absicherung durch das Güterrecht in das Vermögen Ihres Partners oder Ihrer Partnerin, sollten Sie unbedingt vertraglich vorsorgen. Sie können beispielsweise statt einer einfachen Zuwendung ein zinsloses Darlehen geben (siehe unten S. 145 f.), bei erheblicher Mitarbeit im Betrieb einen Arbeitsvertrag schließen oder als Paar eine Gesellschaft gründen.

Wann liegt eine Innengesellschaft vor?

Anna und Irini haben vielleicht nicht in diesen Kategorien gedacht, aber sie waren nicht nur ein Paar, sondern hinsichtlich der Konditorei auch Partnerinnen eines wirtschaftlich bedeutsamen Projekts. Es könnte eine sogenannte Innengesellschaft entstanden sein. Gemeint ist damit eine Gesellschaft, die bei Auflösung Ausgleichsansprüche auslöst, ohne dass die Gesellschafter zuvor einen Gesellschaftsvertrag geschlossen haben. Das würde aber voraussetzen, dass Irini objektiv einen wesentlichen Beitrag zu einer gemeinsamen Unternehmung geleistet hat. Zu Beginn ihrer Mitarbeit war das sicher noch nicht anzunehmen. Kleinere Investitionen in das Geschäft des Partners oder die gelegentliche Mitarbeit im Betrieb gehen noch nicht über das hinaus, was für die Verwirklichung der Lebensgemeinschaft von einem Partner erwartet werden kann. Auch Irini wird sicherlich in diesem Moment die Konditorei vor allem als Annas Projekt angesehen haben und noch nicht als gemeinsames. Mit der deutlichen Ausweitung ihrer Mitarbeit und der Übernahme erheblicher finanzieller Risiken mag sich das geändert haben mit der Folge, dass Irini nach und nach in die Position einer gleichberechtigten Inhaberin des Geschäfts hineingewachsen ist. Meines Erachtens liegt der Fall hier aber eher so, dass nach wie vor Anna das Sagen hatte und sie das Geschäft auch faktisch geführt hat. In rechtlicher Hinsicht handelte es sich also nicht um eine gemeinsame, sondern um Annas Unternehmung. Deshalb kommt ein Ausgleich nach gesellschaftsrechtlichen Regeln nicht in Betracht.

Ausgleich bei Innengesellschaft

Wäre Irini gleichberechtigt mit Anna aufgetreten, läge auch ohne ausdrücklichen Vertrag eine Gesellschaft der Partnerinnen vor. Diese würde in dem Moment beendet, in dem Irini ihre Mitarbeit einstellt. Der Zeitpunkt kann auch deutlich nach der Trennung liegen. Irini hat dann Anspruch auf einen angemessenen Ausgleich ihrer Leistungen. Zunächst ist zu ermitteln, was die Konditorei nach Abzug der Verbindlichkeiten wert ist. Zu diesem Zweck ist für den Tag der Beendigung der Innengesellschaft eine Bilanz zu erstellen. Vom Überschuss steht beiden Partnerinnen ein Betrag als Geldforderung zu, der ihrem jeweiligen Anteil an der Unternehmung entspricht. War der Einsatz von Arbeit oder Vermögen beider Partnerinnen etwa gleichwertig und haben beide in etwa gleichem Umfang finanzielle Risiken getragen, ist eine Beteiligung je zur Hälfte anzunehmen.

06

Alexander erbt ein Grundstück, auf dem Helena und er ein Haus bauen. Bei der Trennung wird sich Helena bewusst, dass ihr weder Haus noch Grund gehören. Sie wirft Alexander vor, dass sie nichts von dem Haus habe, obwohl sie bei der Hausgestaltung mitgewirkt, unzählige Arbeitsstunden in den Innenausbau investiert und sich mit einem Betrag von 50.000 Euro an der Finanzierung beteiligt habe. Hat Helena Anspruch auf Ausgleich für ihre Leistungen?

Gesellschaftsrechtliche Ansprüche sind grundsätzlich auch denkbar, wenn ein Partner erhebliche Arbeitszeit und erhebliche Geldmittel in die Immobilie des Partners investiert. Problematisch ist in diesen Fällen, ob wirklich ein gemeinsamer Wert geschaffen werden sollte. Das ist noch nicht allein deshalb anzunehmen, weil ein Partner das Grundstück erwirbt und der andere zu den Erwerbskosten beiträgt. Das von Helena und Alexander gebaute Haus gehört Alexander, denn er ist Eigentümer des Grundstücks (§ 94 BGB). Helena hat zwar erheblich zur Wertsteigerung des Grundstücks beigetragen, indem sie sich finanziell am Hausbau beteiligte, das Haus diente aber vor allem der Aufrechterhaltung der Lebensgemeinschaft. Es sollte primär die Wohnbedürfnisse der Partner decken und vielleicht später einmal die Altersvorsorge der beiden sichern. Diese Ziele sind von der Lebensgemeinschaft nicht zu trennen, gesellschaftsrechtliche Ansprüche kommen daher nicht in Betracht. Ebenso verhält es sich in dem Beispiel auf S. 129, in dem Alexander Helena einen Pkw gekauft hatte. Denkbar ist aber ein Ausgleich nach Bereicherungsrecht oder nach den Grundsätzen über die Störung der Geschäftsgrundlage.

Investitionen in die Immobilie des Partners

b) Bereicherungsrecht und Störung der Geschäftsgrundlage

Bereicherungsrecht

Helena könnte argumentieren, dass ihr Rückgewähransprüche zustehen, weil der mit der Leistung bezweckte Erfolg nicht eingetreten sei. Wenn ein Partner das Vermögen des anderen in der Erwartung vermehrt hat, an dem erworbenen Gegenstand langfristig in irgendeiner Weise teilhaben zu können, spricht man von einer Zweckvereinbarung. Diese ist nicht ausgeschlossen, wenn mit den Investitionen zunächst nur der Wohnbedarf der Gemeinschaft gedeckt und damit letztlich ihr Unterhalt gesichert werden soll. Ein Hausgrundstück ist auch ein Mittel der Vermögensanlage oder Altersvorsorge. Man kann davon ausgehen, dass Helena auch dies im Blick hatte, als sie in das Haus investierte. Der von ihr verfolgte und von Alexander durch die Entgegennahme ihrer Beiträge auch gebilligte Zweck ist durch die Beendigung der Partnerschaft entfallen.

Störung der Geschäftsgrundlage

Helena hat die 50.000 Euro mit der Vorstellung gezahlt, dass sie damit Alexanders persönliche Altersvorsorge sichert. Sie wollte sicherlich auch zu einer möglichst schnellen Abzahlung des Darlehens beitragen, um einen Beitrag zur Sicherung der gemeinsam genutzten Wohnung zu leisten und die Belastung der Haushaltskasse durch die Darlehenszahlungen los zu sein. Diese Erwartung, diese Geschäftsgrundlage, wird gestört, wenn die Partnerschaft wider Erwarten endet. Im obigen Beispiel dürfte es gerechtfertigt sein, wenn Helena zumindest einen Teil der investierten 50.000 Euro zurückerhält.

Umfang des Ausgleichsanspruchs

Eine komplette Rückgewähr der Investitionen kommt in unserem Fallbeispiel weder nach Bereicherungsrecht noch nach den Regeln über die Störung der Geschäftsgrundlage in Betracht, denn Helena hat in dem Haus selbst eine Zeit lang gewohnt und durch die Mitfinanzierung des Darlehens auch ihren eigenen Wohnbedarf teilweise gesichert. Im Beispiel auf S. 129 hat Alexander von dem Auto nichts, weshalb hier ein geringfügiger Ausgleich denkbar wäre. Bei dem Kleinkredit ist das zweifelhaft, weil Helena durch die Befreiung von den Darlehensraten mehr Geld zur Haushaltskasse beisteuern konnte.

DIE RÜCKGEWÄHR VON ZUWENDUNGEN WÄHREND DER EHEZEIT

06

Beispiel 1: Alexander und Helena trennen sich nach 15 Ehejahren. Alexander rechnet aus, dass er Helena während der Ehe fünf Halsketten, sieben Ringe, drei teure Smartphones, über 100 Haarspangen und Ohrringe sowie eine kaum zählbare Anzahl von Kleidern geschenkt hat. Nach der Trennung gelangt er zu der Auffassung, dass Helena all diese Geschenke nicht wert gewesen sei, und möchte sie alle zurückfordern.

Beispiel 2: Helena wird während der Ehe bei einem Verkehrsunfall erheblich verletzt und erhält 50.000 Euro Schmerzensgeld. Damit löst sie ein Darlehen vorzeitig ab, das Alexander allein zur Finanzierung seines ihm ebenfalls allein gehörenden Hauses aufgenommen hat. Alexander findet, geschenkt sei geschenkt.

Überträgt ein Ehegatte dem anderen ohne gleichwertige Gegenleistung einen Vermögensgegenstand, handelt es sich häufig nicht um eine Schenkung, sondern um eine sogenannte ehebedingte Zuwendung. Ehebedingte Zuwendungen haben den Sinn, die eheliche Lebensgemeinschaft individuell auszugestalten und zu sichern. Was damit konkret gemeint ist, zeigen die folgenden Beispiele:

Ehebedingte Zuwendungen

• Die Zuwendungen erfolgt aus steuerlichen Gründen, zum Beispiel zur Vermeidung von Erbschafts- oder Schenkungssteuer.

• Ein Ehegatte möchte den anderen für bestimmte Leistungen entschädigen.

• Ein Ehegatte will einen besonderen Beitrag zur Finanzierung der ehelichen Lebensgemeinschaft leisten.

- Ein Ehegatte will Lasten schultern, die der andere nicht tragen könnte.
- Ein Ehegatte will etwas für die persönliche Altersvorsorge des anderen tun.

Geschäftsgrundlage ehebedingter Zuwendungen ist die Ehe. Endet diese, entfällt die Geschäftsgrundlage und es sind dem Grunde nach Rückgewähransprüche denkbar.

Abgrenzung zu
Schenkungen

Echte Schenkungen gibt es zwischen Ehegatten natürlich auch. Sie haben ihren Grund in der persönlichen Beziehung der Ehegatten, ihrer Liebe zueinander. Eine Schenkung wird man in der Regel bei Zuwendungen von geringem Wert annehmen können oder wenn den Zuwendungen ein bestimmter emotionaler Anlass zugrunde liegt, zum Beispiel ein Geburtstag, Weihnachten oder ein Hochzeitstag. Was ein Geschenk von geringem Wert ist, hängt von den Lebensumständen der Ehegatten ab. Absolute Obergrenzen lassen sich hier selbstverständlich nicht ziehen. Auch Zuwendungen, mit denen man sich finanziell übernimmt oder das Maß des Üblichen weit überschreitet, können echte Schenkungen sein. Im **Beispiel 1** handelt es sich sicherlich um Schenkungen und nicht um ehebedingte Zuwendungen. Dass während einer mehr als 15-jährigen Ehe einiges an Schmuck- und Kleidungsgeschenken zusammenkommt, ist nicht ungewöhnlich. Alexander wird die Sachen nicht von Helena zurückfordern können, auch wenn er seine vermeintliche Großzügigkeit im Lichte der Trennung bitter bereuen mag. Echte Schenkungen können nur bei grobem Undank des Beschenkten zurückgefordert werden. Darauf gibt es hier keine Hinweise.

Im **Beispiel 2** geht Helenas Zahlung deutlich über den üblichen Beitrag zur ehelichen Lebensgemeinschaft hinaus. Sie wird die Vorstellung gehabt haben, dass sie mit der Zahlung Alexanders persönliche Altersvorsorge sichert oder jedenfalls zur Sicherung der ehelichen Lebensgemeinschaft beiträgt. Es handelt sich um eine ehebedingte Zuwendung, nicht um eine echte Schenkung.

Ein Rückgewähranspruch wegen Störung der Geschäftsgrundlage kommt aber nur in Betracht, wenn

- der Vermögensvorteil bei Scheitern der Ehe beim Empfänger noch vorhanden ist und
- nach Durchführung des Zugewinnausgleichs das Ergebnis unter Berücksichtigung aller Umstände, zum Beispiel der Dauer der Ehe, dem Alter der Partner oder eventueller Absprachen der Ehegatten, für den Zuwendenden schlechthin unzumutbar ist.

06

Der Fall entspricht dem Beispiel auf S. 135, allerdings mit der Abwandlung, dass das Geld hier aus einer Schmerzensgeldzahlung stammt. Oben hatte ich ausgeführt, dass mangels güterrechtlichen Ausgleichs jedenfalls ein gewisser Rückgewähranspruch wegen Störung der Geschäftsgrundlage bestehen dürfte. Dem ist aber nicht so, wenn Helena mit Alexander im Zeitpunkt der Zahlung verheiratet war. Denn dann erhält sie einen Teil ihrer Investition im Zuge des güterrechtlichen Ausgleichs zurück, Anspruch auf einen kompletten Ausgleich hat sie nicht. Eine Korrektur über die Grundsätze der Störung der Geschäftsgrundlage kommt für Ehegatten lediglich dann in Betracht, wenn der Geber unter Berücksichtigung der beiderseitigen Interessen nach Durchführung des Zugewinnausgleichs unbillig benachteiligt würde.

Zu ungerechten Ergebnissen des Zugewinnausgleichs kann es kommen, wenn

- einerseits der Zuwendungsempfänger keinen Zugewinn aufzuweisen hat, weil sein Vermögen insgesamt negativ ist oder er die Zuwendung für eigene Zwecke vor der Rechtshängigkeit des Scheidungsantrages verbraucht hat, und
- es dem Geber außerdem aufgrund seiner eigenen Verhältnisse nicht zugemutet werden kann, gänzlich auf einen Ausgleich für erbrachte Zuwendungen zu verzichten.

Die Rechtsprechung hat Ansprüche wegen Störung der Geschäftsgrundlage neben dem Zugewinnausgleich bejaht, wenn eine Zuwendung mit einer Schmerzensgeldzahlung finanziert wurde oder bei kurzer Ehe dem anderen Partner zu dessen Altersabsicherung erhebliche Mittel zur Verfügung gestellt worden sind. Jedenfalls der erste Punkt ist hier gegeben. Schmerzensgeldzahlungen sollen erlittene Schmerzen und Unannehmlichkeiten durch Schäden zu einem gewissen Grad wiedergutmachen. Es handelt sich um eine Zahlung, die eigentlich Helena höchstpersönlich zugutekommen soll. Wenn sie sich entschließt, diese in die eheliche Lebensgemeinschaft zu investieren, hat sie einen besonderen Schutz verdient, wenn diese Zahlung bei Trennung und Scheidung nicht wieder an sie zurückfließt. Helena kann hier deshalb über den Zugewinnausgleich hinaus zumindest einen Teil des investierten Geldes von Alexander zurückverlangen.

EHEGATTEN-INNENGESELLSCHAFT

Die Rechtsprechung hat im Einzelfall das Vorliegen von sogenannten Ehegatten-Innengesellschaften bejaht. Diese Grundsätze sind auf eingetragene Lebenspartnerschaften entsprechend anzuwenden. Angenommen, Anna und Irini wären im Beispiel auf S. 132 verpartnert gewesen: Hätte Irini gesellschaftsrechtliche Ansprüche?

Ein Anspruch kommt auch bei Verpartnerung nur in Betracht, wenn Irinis Mitarbeit den Rahmen der partnerschaftlichen Lebensgemeinschaft deutlich überschritten hat und man annehmen konnte, dass Anna und sie hinsichtlich des Gesellschaftsgegenstandes eine echte Geschäftsbeziehung führen wollten. Die Hürde liegt bei Ehegatten und eingetragenen Lebenspartnern deutlich höher als im Beispiel oben. Die Grundsätze über die Innengesellschaft dienen einem Billigkeitsausgleich und sind nur dann heranzuziehen, wenn andere Ausgleichsformen nicht in Betracht kommen. Eine Innengesellschaft liegt daher nicht vor, wenn der mitarbeitende Partner durch vertragliche Regelungen schon einen Ausgleich für seine Tätigkeit erhält, insbesondere durch Arbeitsvertrag. Ebenso scheiden Ansprüche aus einer aufgelösten Innengesellschaft in der Regel dann aus, wenn die Ehegatten in Zugewinngemeinschaft gelebt haben und hierüber ein angemessener Ausgleich geschaffen werden kann.

06

Mehr noch als nichteheliche Lebensgefährten müssten Anna und Irini als eingetragene Lebenspartnerinnen daher im Konditorei-Fall gleichberechtigt am Aufbau des Betriebsvermögens mitgewirkt haben. Sie müssten beide gleichermaßen erhebliche Investitionen getätigt und hieran jeweils Mitspracherecht gehabt haben. Sie müssten das weitere Fortkommen der Firma nicht nur gemeinsam geplant haben, sondern auch gegenüber Banken, Behörden und sonstigen Dritten als Gesellschafterinnen aufgetreten sein. Davon ist hier wohl nicht auszugehen.

RÜCKABWICKLUNG VON SCHENKUN-
GEN DER SCHWIEGERELTERN

Alexander ist Alleineigentümer eines Hausgrundstücks, in dem er und Helena gemeinsam wohnen. Nach ihrer Hochzeit – einen Ehevertrag machen sie nicht – überweist Helenas Vater auf ihr gemeinsames Haushaltskonto einen Betrag von 100.000 Euro. Er sagt den beiden, dass sie mit dem Geld die noch auf dem Grundstück lastenden Schulden ablösen sollen. So geschieht es auch. Als die Ehe einige Jahre später scheitert, ist Helenas Vater tief enttäuscht und verlangt von Alexander die 100.000 Euro zurück.

Einen Rückforderungsanspruch kann man nur gegen den richten, der eine Leistung auch bekommen hat. Relativ häufig wird man davon ausgehen können, dass Eltern primär das eigene Kind unterstützen wollen. Im Beispiel könnte man aber auch argumentieren, dass lediglich das Darlehen von Alexander abgelöst werden und die Leistung nur ihm zugutekommen sollte. Andererseits ist das Geld auf ein Gemeinschaftskonto der beiden geflossen und Helenas Vater wollte ausdrücklich die Abzahlung eines Hauses fördern, das als Wohnung der jungen Familie diente und auch weiterhin dienen sollte. Es spricht daher einiges dafür, dass die Eltern die Zuwendung gleichermaßen Alexander und Helena zukommen lassen wollten. Denkbar wäre damit allenfalls noch ein Rückforderungsanspruch von 50.000 Euro gegen Alexander.

Helena müsste versuchen, die an sie geflossenen 50.000 Euro im güterrechtlichen Ausgleich oder gegebenenfalls nach den Grundsätzen über die Rückabwicklung ehebedingter Zuwendungen von Alexander zurückzufordern.

Der Bundesgerichtshof hat schon vor Längerem anerkannt, dass Leistungen der Schwiegereltern, die das Maß von Gelegenheitsgeschenken deutlich übersteigen, im Falle des Scheiterns der Ehe grundsätzlich zurückgefordert werden können. Sie wurden lange als sogenannte ehebezogene Zuwendungen behandelt und damit ähnlich wie Schenkungen unter Ehegatten selbst. Die Rückforderung war damit nur in Ausnahmefällen möglich und vor allem auch nur dann, wenn das eigene Kind im Zuge der güterrechtlichen Auseinandersetzung keinen angemessenen Ausgleich für die Leistung erhalten konnte. Diese Rechtsprechung hat der Bundesgerichtshof zwischenzeitlich verworfen:

Seit dem Beschluss vom 03.02.2010, Az. XII ZR 189/06, behandelt der Bundesgerichtshof Zuwendungen der Schwiegereltern, die mit Rücksicht auf die Ehe des Kindes und zur Begünstigung des ehelichen Zusammenlebens erfolgt sind, nicht mehr als ehebezogene Zuwendungen, sondern als echte Schenkungen. Die Eltern können sich daher neuerdings auf einen Widerruf wegen groben Undanks oder auf bereicherungsrechtliche Ansprüche stützen.

06

Aussichtsreicher wird es für die Schwiegereltern allerdings sein, wenn sie sich auf Rückgewähransprüche wegen Störung der Geschäftsgrundlage berufen. Es muss dann in jedem Einzelfall geprüft werden, ob und inwieweit es den Schwiegereltern zumutbar wäre, ihr Geld nach der Trennung der Kinder nicht zurückzubekommen. Hierbei spielt insbesondere eine Rolle, inwieweit durch die Schenkung bei Alexander überhaupt Vermögen vermehrt wurde und ob und inwieweit das eigene Kind – Helena – hiervon profitieren konnte. Dass Alexander das Geld auf ein Darlehen eingezahlt hat und der Geldbetrag nun nicht mehr bei ihm vorhanden ist, spielt keine Rolle: Sein Vermögen ist ja immer noch vermehrt, weil er sich mithilfe der Schenkung von einer Belastung befreien konnte. Man darf bei der Prüfung der Zumutbarkeit insbesondere nicht vergessen, dass Helena nach der Schenkung noch eine Weile mit Alexander zusammengelebt hat und die Schenkung ihren Zweck daher zum Teil erfüllen konnte. Helenas Vater kann also allenfalls einen gewissen Anteil der an Alexander geflossenen 50.000 Euro zurückverlangen.

VERTRAGLICHE VEREINBARUNGEN

Ungerechtigkeiten bei der Vermögensverteilung im Fall der Trennung können Sie durch vertragliche Vereinbarungen verhindern oder dadurch, dass Sie Ihr Vermögen angemessen aufteilen, solange die Lebensgemeinschaft noch intakt ist. Konkrete Vorschläge hierzu sind im Rahmen dieses Buches kaum möglich, weil die Regelung den Verhältnissen Ihrer konkreten Lebensgemeinschaft gerecht werden muss. Ich kann nur jeweils aufzeigen, welche Katastrophen im Einzelfall passieren können, wenn man nichts regelt und Ihnen empfehlen, sich rechtzeitig an einen auf das Familien- und Erbrecht spezialisierten Anwalt zu wenden.

EHEVERTRAG

In einem Ehevertrag können die Ehegatten zum Beispiel Vereinbarungen zur Vermögensauseinandersetzung, zum Güterrecht, zum Versorgungsausgleich und Unterhalt treffen. Regelungen zur ehelichen Lebensgemeinschaft sind zumeist entbehrlich, weil Eheleute schon nach dem Gesetz verpflichtet sind, ihren Teil zum Unterhalt der Familie beizutragen.

Vereinbarungen für den Trennungs- und Scheidungsfall

Nicht alle Vereinbarungen für den Trennungs- und Scheidungsfall sind zulässig. Verboten ist beispielsweise ein Verzicht auf Kindes- und Trennungsunterhalt. Unzulässig sind außerdem Regelungen, die primär dazu dienen, Verpflichtungen der Ehegatten untereinander auf die sozialen Sicherungssysteme abzuwälzen. Generell gilt: Es darf keine Vereinbarungen geben, die in unvertretbarem Maße in den „Kernbereich" des Scheidungsfolgenrechts eingreifen. Dazu gehören vor allem Vereinbarungen, in denen ein Ehegatte ohne angemessene Gegenleistung auf bestimmte Rechte verzichtet, zum Beispiel auf Betreuungsunterhalt, Unterhalt wegen Alters und Krankheit oder den Versorgungsausgleich, und damit sich und ge gebenenfalls die gemeinsamen Kinder gefährdet. Regelungen zum Zugewinnausgleich und zur Verteilung des gemeinsamen Vermögens sind hingegen häufig unproblematisch möglich.

Form

Eheverträge müssen notariell protokolliert werden. Das gilt auch für Trennungs- und Scheidungsfolgenvereinbarungen. Es ist auch möglich, solche Regelungen im Scheidungstermin zu Protokoll zu geben. Dann fungiert das Gericht als Notar

(§ 127 a BGB). Komplexe Regelungen, etwa Grundstücksüber-
tragungen, sollte man aber nicht bei Gericht vornehmen, da
man über die zahlreichen Formalien und Haftungsregelungen
leicht den Überblick verlieren kann. Auch ist zu bedenken,
dass ein und derselbe Vertrag beim Notar deutlich kosten-
günstiger geschlossen werden kann als vor Gericht: Die gesetzlichen Kostensätze der Gerichte und der – für eine Vereinbarung zwingend notwendigen – beiden Anwälte sind um ein
Vielfaches höher als die von Notaren.

06

PARTNERSCHAFTSVERTRÄGE

Nichteheliche Lebensgefährten sollten sich überlegen, ob sie
die Aufgabenverteilung während ihrer Partnerschaft vertraglich regeln. Das kann sinnvoll sein, weil sie anders als Ehegatten nicht rechtlich verpflichtet sind, zum gemeinsamen
Haushalt beizutragen. In einem Partnerschaftsvertrag können
sie fixieren, wer wie viel für die gemeinsame Lebenshaltung
beiträgt, wem welche Haushaltsgegenstände gehören, wer
welche Zahlungen auf gemeinsame Schulden leistet usw. Das
alles kann Streit vorbeugen. Für den Fall, dass es doch einmal zur Trennung kommt, sollte insbesondere geklärt werden,
ob und in welchem Umfang ein Partner einen Ausgleich für
Leistungen erhält, die über die üblichen Haushaltskosten hi-
nausgehen.

Helena und Alexander sind nicht verheiratet. Helena investiert
50.000 Euro in Alexanders Immobilie, in der beide wohnen.

Helena und Alexander könnten beispielsweise vereinbaren,
dass Helena den Betrag bei endgültiger Trennung zurückerhält. Es handelt sich dann faktisch um ein zinsloses Darlehen.
Sie könnten auch eine Tilgungsvereinbarung aufnehmen und
berücksichtigen, dass Helena das Anwesen ja mit bewohnt

und den Rückforderungsbetrag Jahr für Jahr bis zur Trennung abschmelzen. Die Reduzierung könnten sie frei wählen oder aufgrund der ortsüblichen Miete berechnen. Alexander könnte sich auch verpflichten, Helena als Gegenleistung eine Zeit lang eine Art Unterhaltsrente zu bezahlen, bis die 50.000 Euro komplett oder zu einem von beiden als angemessen erachteten Teil abbezahlt sind.

Form

Partnerschaftsverträge können formfrei geschlossen werden, sie bedürfen nicht der notariellen Protokollierung. Auch eine handschriftliche Zahlungszusage für den Fall der Trennung wäre damit wirksam. Ich empfehle Ihnen aber dennoch den Gang zu einem Notar, schon um missverständliche Formulierungen zu vermeiden und um es dem Partner, der aus dem Vertrag Leistungen beanspruchen kann, leichter zu machen, diese später auch durchzusetzen.

WENN EIN PARTNER SCHWER ERKRANKT ODER STIRBT

07

Erkrankt ein Partner so schwer, dass er seine rechtlichen Angelegenheiten nicht mehr allein besorgen kann, können seine nächsten Angehörigen nicht ohne Weiteres an seiner Stelle entscheiden. Das gilt gleichermaßen für Ehepartner, eingetragene Lebenspartner und nichteheliche Lebensgefährten. Sie alle benötigen zum Handeln eine Vollmacht oder müssen sich gerichtlich zum Betreuer bestellen lassen. Im Todesfall spielt es hingegen eine erhebliche Rolle, ob die Partner mit oder ohne Trauschein zusammengelebt haben. Nur Ehepartner und eingetragene Lebenspartner beerben sich auch ohne letztwillige Verfügung. Partner einer nichtehelichen Lebensgemeinschaft können und müssen einander per Einzeltestament oder Erbvertrag zu Erben einsetzen und sind auch steuerlich und durch etwaige Pflichtteilsansprüche deutlich stärker belastet als Ehe- und eingetragene Lebenspartner.

RECHTLICHE VORSORGE FÜR DEN KRANKHEITSFALL

Alexander liegt seit einem schweren Unfall im Koma. Als Helena seine Krankenversicherung anschreibt, um das weitere Vorgehen zu besprechen, erhält sie die Antwort, dass man mit ihr nicht korrespondieren dürfe. Sie müsse ihre Vortretungsmacht nachweisen.

Im Fall schwerer Krankheit, infolge eines Unfalls oder auch aufgrund von Altersabbauprozessen kann es passieren, dass einer der Partner nicht mehr in der Lage ist, seine Angelegenheiten selbst zu besorgen. Weder Ehegatten noch nichteheliche Lebensgefährten noch andere Angehörige sind dann ohne Weiteres befugt, Erklärungen in seinem Namen abzugeben. Dem Betroffenen muss stattdessen vom Betreuungsgericht ein Betreuer bestellt werden. Dieser kann für die verschiedensten Bereiche zuständig sein: Geld- und Bankgeschäfte, Immobiliengeschäfte, die medizinische Versorgung, Aufenthalts- und Wohnungsangelegenheiten etc.

Bestellung des Partners als Betreuer

Tipp

Bestimmen Sie für den Fall Ihrer Geschäftsunfähigkeit jemanden, der Ihre Angelegenheiten besorgen soll: Errichten Sie eine Betreuungsverfügung, Vorsorgevollmacht und auch eine Patientenverfügung.

In einer Betreuungsverfügung kann man für diesen Fall vorsorgen und bestimmen, wen man sich als Betreuer wünscht – oder wen gerade nicht. Tut man dies nicht, hat das Gericht gemäß § 1897 Abs. 5 BGB bei der Auswahl des Betreuers auf die verwandtschaftlichen und sonstigen persönlichen Bindungen des Volljährigen insbesondere zu Eltern, Kindern und zum Ehegatten bzw. Lebenspartner sowie auf die Gefahr von Interessenkonflikten Rücksicht zu nehmen. Wenn Alexander und Helena verheiratet wären, würde das Gericht sicherlich Helena zur Betreuerin bestellen. Aber auch als bloße Lebensgefährtin dürfte sie aufgrund ihrer „persönlichen Bindungen" zu Alexander zur Betreuerin ernannt werden und könnte sich dann bei der Krankenversicherung mit ihrem Betreuerausweis legitimieren. Mangels Heiratsurkunde fällt es ihr aber womöglich schwerer als einer Ehefrau, ihre besondere Beziehung nachzuweisen. Das kann das Betreuungsverfahren verzögern.

Sie können für den Fall Ihrer Geschäftsunfähigkeit mehr tun, als nur dem Betreuungsgericht vorzugeben, wen es als Betreuer bestellen soll. Sie können Ihre Vertretung mittels einer Vorsorgevollmacht auch gleich umfassend regeln. Bestimmen Sie eine oder mehrere Personen für den Fall Ihrer Geschäftsunfähigkeit zu Ihrem Bevollmächtigten, darf keine Betreuung mehr eingerichtet werden, soweit die Vollmacht inhaltlich reicht. Sie muss schriftlich abgefasst sein, kann also auch per Schreibmaschine oder Computer errichtet und dann eigenhändig unterschrieben werden. Die Unterschrift sollte öffentlich beglaubigt werden, um jeden Zweifel über den Vollmachtgeber auszuschließen und Immobiliengeschäfte zu ermöglichen.

Vorsorgevollmacht

07

Betreuer oder Bevollmächtigte dürfen im Rahmen ihrer Aufgabenkreise zwar gegebenenfalls entscheiden, ob medizinische Heilbehandlungen durchgeführt werden oder nicht, die Entscheidung über Leben und Tod dürfen sie aber nicht treffen. Diese obliegt dem Betroffenen allein. Will dieser für den Fall des altersbedingten Sterbens oder einer tödlich verlaufenden Erkrankung klarstellen, ob er lebensverlängernde Maßnahmen wünscht, muss er seinen Patientenwillen vorab schriftlich in einer Patientenverfügung festlegen.

Patientenverfügung

Testamente und Erbverträge sind anders als Betreuungsverfügung, Patientenverfügung und Vorsorgevollmacht keine Vorsorgeverfügungen, sondern letztwillige Verfügungen. In ihnen bestimmt man, wem der Nachlass im Fall des Todes zufallen soll. Hierzu mehr im folgenden Abschnitt. Wer für den Fall seines Todes, etwa für die eigene Beerdigung, organisatorische Anordnungen treffen will, sollte dies nicht in seinem Testament tun, da dieses oft erst viele Wochen nach dem Tod eröffnet wird.

Abgrenzung zu letztwilligen Verfügungen

DIE GESETZLICHE ERBFOLGE

Angenommen, Anna und Irini hätten glücklich und ohne
Verpartnerungsurkunde bis an Irinis Lebensende zusammen-
gelebt: Als Irini schwer erkrankt, pflegt Anna sie, bis Irini in der ihr allein
gehörenden Wohnung friedlich einschläft. Nathalie, Irinis Tochter, hat
den Lebensentwurf der beiden immer verurteilt und bleibt der Beerdigung
demonstrativ fern. Um auf andere Gedanken zu kommen, verreist Anna für
zwei Wochen. Als sie zurückkehrt, sind die Schlösser der Wohnung ausge-
tauscht, ihre Sachen achtlos in Kisten verpackt vor der Tür aufgestapelt.
Nathalie öffnet auf Annas Klingeln hin die Tür einen Spalt und sagt, sie sei
Irinis Erbin und die Wohnung gehöre jetzt ihr.

Mit dem Tod einer Person geht ihr Nachlass – die Erbschaft
– unmittelbar als Ganzes auf einen oder mehrere Erben über
(§ 1922 BGB). Sind mehrere Erben vorhanden, bilden sie eine
Erbengemeinschaft. Der oder die Erben treten an die Stelle
des Erblassers, sind seine sogenannten Rechtsnachfolger. Sie
sind Träger der Nachlassrechte und Schuldner der Nachlassverbindlichkeiten.

Wer Erbe wird, regelt das Gesetz. Man kann dies durch eine
letztwillige Verfügung aber auch selbst bestimmen. Da Anna
und Irini weder Testamente noch einen Erbvertrag errichtet haben, gilt die gesetzliche Erbfolge. Danach ist Nathalie
Alleinerbin. Nach dem Gesetz erben nämlich nur Blutsver-
wandte, adoptierte Kinder und der Ehe- bzw. eingetragene
Lebenspartner.

Erbrecht der Verwandten

Die gesetzliche Erbfolge ist in sogenannte Ordnungen un-
terteilt, die in den §§ 1924 ff. BGB definiert werden. Erben
erster Ordnung sind die Abkömmlinge des Erblassers, also
seine Kinder und Kindeskinder, Erben zweiter Ordnung die Eltern des Erblassers und deren Abkömmlinge, die Erben dritter
Ordnung die Großeltern des Erblassers und deren Abkömmlinge usw.

Der Ehe- bzw. eingetragene Lebenspartner gehört keiner Erbordnung an; sein Erbrecht unterliegt eigenen Regeln (§§ 1931 ff. BGB, § 10 LPartG). Neben Erben der ersten Ordnung steht dem Ehegatten mindestens 1/4 des Nachlasses zu, während er neben Verwandten der zweiten Ordnung und neben den Großeltern die Hälfte des Nachlasses erhält. Abkömmlinge von Großeltern und Erben entfernterer Ordnungen erben neben dem Ehegatten gar nicht. Die tatsächliche Erbquote des Ehepartners hängt aber vom Güterstand ab, in dem er mit dem Verstorbenen zuletzt gelebt hat.

Erbrecht des Ehe- bzw. eingetragenen Lebenspartners

07

Bei Zugewinngemeinschaft hat der Ehegatte des Erblassers nicht nur Anspruch auf seinen Erbteil, sondern auch auf Ausgleich des erwirtschafteten Zugewinns. Schließlich ist die Ehe ja durch den Tod „geschieden" worden. Der überlebende Ehegatte kann nach § 1371 BGB den Zugewinn wie im Scheidungsfall berechnen und ausgleichen lassen („güterrechtliche Lösung"). In der Praxis gebräuchlicher und meist auch wirtschaftlich vorteilhafter ist die sogenannte erbrechtliche Lösung: Hier wird der gesetzliche Erbteil des Ehegatten pauschal um 1/4 erhöht. Der Ehegatte erbt in diesem Fall die Hälfte und die Kinder teilen sich die andere Hälfte. Existieren Erben der zweiten Ordnung oder leben die Großeltern noch, erbt der Ehegatte 3/4 des Nachlasses.

Bei Gütergemeinschaft bleibt es hingegen bei der Erbquote von 1/4. Gütergemeinschaft zu vereinbaren, kann aber dennoch wirtschaftlich günstig sein, weil hier dem überlebenden Partner güterrechtlich neben dem erbrechtlichen Viertel ja noch die Hälfte des Gesamtgutes zufällt (siehe oben S. 36).

Haben die Ehegatten im Güterstand der Gütertrennung gelebt, erbt der überlebende Ehegatte mindestens 1/4. Die Quote kann höher ausfallen, wenn der Erblasser neben seinem Ehepartner ein oder zwei Kinder hinterlässt. Bei einem Kind erhalten Partner und Kind je 50 %, bei zwei Kindern wird der Nachlass gedrittelt.

Wenn Sie verheiratet oder verpartnert sind, sollten Sie sich beraten lassen, welcher Güterstand aus erbrechtlicher Sicht der günstigste für Sie ist. Wer Gütertrennung vereinbart, möchte in der Regel nur den Zugewinnausgleich im Scheidungsfall verhindern, im Fall der Auflösung der Ehe bzw. eingetragenen Lebenspartnerschaft durch den Tod seinem Partner aber dennoch ein Maximum seines Vermögens zukommen lassen. Wollen Sie beides zugleich erreichen, sollten Sie statt bloßer Gütertrennung eine modifizierte Zugewinngemeinschaft vereinbaren.

Tipp

Über die Besonderheiten von Erbengemeinschaften informiert der Ratgeber „Erbengemeinschaft – Meine Rechte als Miterbe". Mehr dazu auf www. vz-ratgeber.de.

Wären Anna und Irini bei Irinis Tod verpartnert gewesen, hätten Anna und Nathalie als gesetzliche Erbinnen jeweils die Hälfte des Nachlasses geerbt. Sie und Nathalie hätten eine Erbengemeinschaft gebildet und sich über die Verteilung des Nachlasses und die Nutzung der Wohnung abstimmen müssen. Nathalie hätte also nicht so einfach Tatsachen schaffen können wie im Beispielsfall.

Anna hat Irinis Wohnung zu einem erheblichen Teil mitfinanziert. Kann sie von Nathalie einen finanziellen Ausgleich verlangen?

Zuwendungen des überlebenden Lebensgefährten

Anna hat während der Partnerschaft einen erheblichen Nachlasswert, Irinis Wohnung, mit geschaffen und muss nun hinnehmen, dass aufgrund der gesetzlichen Erbfolge nur Nathalie in dessen Genuss kommt. Durch Irinis Tod wurde ihre bis zum Ende nicht eingetragene Lebenspartnerschaft beendet. Wie Sie bereits aus den Vorkapiteln wissen, werden Leistungen, die der Aufrechterhaltung des Zusammenlebens, insbesondere dem laufenden Unterhalt, gedient haben, im Trennungsfall nicht ausgeglichen. Dasselbe gilt unter anderem für Dienst-

leistungen im Haushalt, pflegerische Leistungen für den Partner, wie Anna sie erbracht hat, die Zahlung der Miete für die
gemeinsame Wohnung, für Zahlungen eines Partners zur Finanzierung eines gemeinsamen Pkw und für Ausbauarbeiten
an der Wohnung eines Partners. Anders ist es, wie im Vorka-
pitel ausgeführt, wenn die Leistungen weit über das hinaus-
gegangen sind, was im Rahmen des Zusammenlebens üblich
ist, und die Partner mit dem Erwerb eines Vermögensgegen-
standes die Absicht verfolgt haben, einen gemeinschaftlichen
Wert zu schaffen. Im Todesfall kommt dann wie beim Scheitern der Beziehung ein Ausgleich nach den Regeln über die
Gesellschaft bürgerlichen Rechts, nach Bereicherungsrecht
oder nach den Regeln über die Störung der Geschäftsgrundlage in Betracht.

Gesellschaftsrechtliche Ansprüche sind hier abwegig, im Übrigen sind aber Ansprüche denkbar. Anna kann nämlich das
gemeinsam geschaffene Vermögen infolge von Irinis Tod
nicht mehr bis zu ihrem Lebensende weiter nutzen, der mit
ihren Leistungen verfolgte Zweck ist also nicht eingetreten.

Der Anspruch richtet sich gegen Irinis Erben, also gegen Nathalie. Diese kommt nämlich nicht nur in den Genuss des posi-
tiven Nachlassvermögens, sondern erbt auch die Nachlassverbindlichkeiten. Anna kann von Nathalie einen angemessenen
finanziellen Ausgleich verlangen, aber nicht die Erstattung
ihrer gesamten Aufwendungen. Sie hat schließlich jahrelang
mit Irini in der gemeinsam finanzierten Wohnung gelebt, völlig
ins Leere gelaufen sind ihre Investitionen also nicht. Womöglich ergeben sich bei Auflösung einer langjährigen Beziehung
durch den Tod rechnerisch gar keine Ansprüche mehr.

Keinen Ausgleichsanspruch hätte Anna, wenn sie schon anderweitig abgefunden wäre, zum Beispiel weil Irini sie zur
(Mit-)Erbin eingesetzt hat. Denkbar ist auch, dass Anna zwar
in die Wohnung investiert, sich aber Wohnungsrechte, Nieß-

brauchsrechte oder gar Geld- oder Rückübertragungsansprüche für den Fall des Scheiterns der Lebensgemeinschaft vorbehalten hat. Das spräche dann schon gegen die Absicht, wirklich einen gemeinsamen Vermögenswert zu schaffen. Anna wäre dann auf die vertraglich vorbehaltenen Rechte beschränkt und würde im Übrigen keinen Ausgleich bekommen.

Was wäre, wenn die gemeinsam finanzierte Wohnung nicht Irini gehört hätte, sondern Anna? Könnte Nathalie als Irinis Erbin von Anna einen Ausgleich verlangen?

Irini hätte sich wohl ebenfalls vorgestellt, lebenslang in den Genuss der mitfinanzierten Immobilie zu kommen. Nach ihrem Tod hat sie von ihrer Investition aber nichts mehr. Ansprüche wegen Zweckverfehlung oder wegen Störung der Geschäftsgrundlage bestehen hier aber nicht, denn Irini hat den mit der Investition verfolgten Zweck ja erreicht. Sie konnte nämlich den Wert zeit ihres Lebens wie besprochen oder vorgestellt nutzen. Dass der eigene Tod eine Nutzung auch einmal frühzeitig beenden kann, liegt bei lebenslangen Nutzungsrechten in der Natur der Sache.

LETZTWILLIGE VERFÜGUNGEN

TESTAMENT

Wer nicht möchte, dass im Falle seines Todes die gesetzliche Erbfolge eintritt, kann sie in einer letztwilligen Verfügung, also in einem Testament oder Erbvertrag, selbst regeln. Letztwillige Verfügungen haben gemäß § 1937 BGB Vorrang vor der gesetzlichen Erbfolge. Es gilt der Grundsatz der Testierfreiheit. Wen Sie zu Ihrem Erben bestimmen, ist grundsätzlich Ihre Sache.

Testamente können in seltenen Ausnahmefällen sittenwidrig und damit nichtig sein, etwa wenn man ein Testament nur errichtet, um jemanden für geschlechtliche Hingabe zu entlohnen. Solch eine Motivation ist natürlich in der Praxis quasi nicht nachweisbar.

Sittenwidrige Testamente

07

Nichtigkeitsgründe muss derjenige beweisen, der sich von der Nichtigkeit eines Testaments Vorteile erhofft.

Die Rechtsprechung hat Erblassern, die in einer nichtehelichen Lebensgemeinschaft gelebt haben und ihren Partner bzw. ihre Partnerin testamentarisch bedacht hatten, lange Zeit pauschal eine solche sittenwidrige Gesinnung unterstellt und „Geliebtentestamente" als nichtig verworfen. Das hat sich erst in den 1970er Jahren geändert. Seitdem ist klar, dass auch Unverheiratete eine „echte" Lebensgemeinschaft führen können und im Falle langjährigen Zusammenlebens sogar eine moralische Verpflichtung bestehen kann, erbrechtlich für die Unterhalts- und Alterssicherung des Partners zu sorgen.

Ein Testament zugunsten eines nichtehelichen Partners oder anderer Personen kann dennoch sittenwidrig sein, wenn es Familienangehörige erheblich benachteiligt und der Erblasser damit eine „familienfeindliche Gesinnung" zeigt. Um das beurteilen zu können, bedarf es einer genauen Abwägung der Umstände des Einzelfalles, wobei die Dauer der Lebensgemeinschaft und der Ehe, die Verhältnisse während der Ehe und die Versorgung eventuell vorhandener Kinder gegeneinander abgewogen werden müssen. Solche Fälle sind überaus selten.

Sittenwidrigkeitsgründe, die gegen ein Testament zu Annas Gunsten sprächen, sind nicht ersichtlich. Anna und Irini haben eine jahrelange Lebensgemeinschaft geführt und Nathalie wäre durch den gesetzlichen Pflichtteilsanspruch immer

Tipp

Selbst in vermeintlich übersichtlichen Familienkonstellationen sollten Sie über die Errichtung einer letztwilligen Verfügung nachdenken. Insbesondere wenn Sie möchten, dass nur einer Ihrer potenziellen Erben nach Ihrem Tod das Sagen hat, müssen Sie durch eine erbrechtliche Verfügung vorsorgen.

Ein Testament errichten

noch angemessen abgesichert (dazu unten). Irini hätte also durchaus Anna zur Alleinerbin einsetzen und Nathalie enterben können.

In einer letztwilligen Verfügung kann man nicht nur einen oder mehrere Rechtsnachfolger bestimmen, sondern jemandem auch einzelne Vermögensvorteile zuwenden (Vermächtnis). Während der Erbe Rechtsnachfolger des Erblassers wird, dient ein Vermächtnis dazu, konkrete Gegenstände des Nachlasses zu übertragen, zum Beispiel Bargeld, Schmuck, Kraftfahrzeuge, Grundstücke, Gesellschaftsanteile, Konten oder Wertpapierdepots. Diese fallen zwar zunächst an den oder die Erben als Rechtsnachfolger des Erblassers; der Vermächtnisnehmer kann aber nach § 2174 BGB verlangen, dass sie ihm ausgehändigt werden. Irini hätte also beispielsweise Nathalie zur Erbin bestimmen, Anna aber die Wohnung oder ein lebenslanges Wohn- oder Nutzungsrecht vermachen können.

Sie können Ihr Testament durch einen Notar beurkunden lassen oder es selbst verfassen. Entscheiden Sie sich für ein eigenhändiges Testament, muss es komplett handschriftlich geschrieben sein. Sie dürfen das Testament insbesondere nicht – auch nicht teilweise – mit einer Schreibmaschine oder mit dem Computer erstellen. Wozu ein Testament dient und wie man es errichtet, ist vielen Menschen geläufig – sei es, weil Freunde, Angehörige oder der Steuerberater wissen, wie es geht, oder weil sie sich im Internet kundig gemacht haben. Ein vermeintlich ganz einfaches Testament zu verfassen, trauen sich deshalb viele zu und sparen sich den Gang zum Anwalt. Das ist riskant: Wenige Erblasser machen sich klar, in welchem Umfang den oder die Erben Pflichten und Haftungsrisiken durch Pflichtteilsansprüche naher Angehöriger, erbschaftssteuerliche Ansprüche, übergegangene Unterhaltsansprüche, sozialrechtliche Erstattungsansprüche, geerbte Handelsgeschäfte und Gesellschaftsanteile etc. treffen können. Wer testieren will, muss aber nicht nur seine Ziele klar definieren, sondern auch um die rechtlichen Risiken der eigenen Situation wissen. Gar zu oft stehen die Erben am Ende ganz anders da, als vom Erblasser gewollt. Konflikte unter den bedachten Personen sind dann vorprogrammiert. Und kaum etwas ist im Erbrecht konfliktträchtiger als die Auslegung missverständlicher Testamente.

Tipp

Stellen Sie unbedingt klar, wer Erbe und wer „nur" Vermächtnisempfänger sein soll!

07

Manche Erblasser wollen es besonders gut machen und versuchen, in ihrem Testament sämtliche Vermögensgegenstände Stück für Stück gerecht zu verteilen. Dabei wird regelmäßig übersehen, dass man auch noch ausdrücklich einen oder mehrere Erben benennen muss. Unterlässt der Erblasser dies, wird das Nachlassgericht in aller Regel davon ausgehen, dass alle bedachten Personen erben sollen. Die Folge: Auch Personen, die wirklich nur bestimmte Einzelgegenstände zugewiesen bekommen sollten, erhalten Verfügungsmacht über den Nachlass.

Wollen Sie ein Testament abändern oder komplett widerrufen, müssen Sie das alte Testament vernichten oder ein neues Testament errichten. Sie können ein notarielles Testament durchaus durch ein handschriftliches Testament widerrufen, Sie müssen sich nicht an die Form des früheren Testaments halten.

Errichten Ehegatten Testamente, in denen der eine den anderen einsetzt, werden diese Testamente im Scheidungsfall unwirksam. Die Testamente von nichtehelichen Partnern oder Verlobten bleiben hingegen trotz Trennung in Kraft. Das kann zum Problem werden, wenn auch die nichtehelichen Partner gewollt hätten, dass das Testament erlischt, wenn ihre Gemeinschaft zu Lebzei-

Tipp

Soll Ihr nichtehelicher Partner oder Ihre Verlobte Sie nur beerben, wenn die Beziehung bestand hat, nicht aber im Trennungsfall, sollten Sie vorsorglich Unwirksamkeitsklauseln in Ihr Testament mit aufnehmen. Falls Sie umgekehrt am Testament auch nach lebzeitiger Beendigung der Partnerschaft festhalten wollen, sollten Sie auch dies zur Streitvermeidung ausdrücklich im Text klarstellen.

ten endet. Denkt ein Partner nicht daran, sein Testament nach der Trennung zu widerrufen, gilt es unverändert fort. Stirbt er dann, müssten seine gesetzliche Erben argumentieren und auch beweisen, dass der Erblasser bei Errichtung des Testamentes den überlebenden Partner nur für den Fall bedenken wollte, dass die nichteheliche Gemeinschaft bei seinem Tod noch bestand. Dieser Beweis dürfte kaum zu führen sein.

GEMEINSCHAFTLICHES TESTAMENT

Vorsicht

Wollen nichteheliche Lebensgefährten oder Verlobte ihren letzten Willen gemeinsam formulieren, müssen sie einen Erbvertrag errichten. Wählen Sie stattdessen als Form der letztwilligen Verfügung das gemeinschaftliche Testament, ist die Verfügung nichtig!

Ehegatten und eingetragene Lebenspartner haben die Möglichkeit, gemeinschaftlich ein Testament zu errichten, und zwar wahlweise notariell oder eigenhändig. Bei eigenhändiger Errichtung schreibt einer der Partner das Testament und setzt Ort, Datum und seine Unterschrift darunter. Der andere Partner erklärt sodann ebenfalls handschriftlich, dass die Erklärung auch sein Testament sein soll, und unterzeichnet seinerseits mit Ort, Datum und Unterschrift.

Gemeinschaftliche Testamente haben den besonderen Nutzen, dass man in ihnen Verfügungen vornehmen kann, die „wechselbezüglich" sind. Denkbar ist, dass man den Partner nur deshalb zum Erben einsetzt, weil dieser einen umgekehrt auch zu seinem Erben bestimmt. Oder man bestimmt nicht nur eine Erbfolge für den Tod des ersten Partners, sondern auch schon für den Zeitpunkt, zu dem der überlebende Partner verstirbt. Dann will man darauf vertrauen können, dass der überlebende Partner sich an die Regelung für den zweiten Todesfall hält und nicht etwa heimlich oder nach dem Tod des ersten Partners ein neues Testament errichtet.

Berliner Testament

In der Praxis sehr gebräuchlich ist das sogenannte Berliner Testament. Es handelt sich um ein gemeinschaftliches Testament, in dem sich die Ehegatten oder Lebenspartner für den ersten Todesfall gegenseitig zu Erben einsetzen und (mit Bindungswirkung) bestimmen, dass mit dem Tod des Längerlebenden der Nachlass an einen oder mehrere Dritte – bei Ehegatten in der Regel die Kinder – fallen soll.

Wechselbezügliche Verfügungen eines gemeinschaftlichen Testaments können Sie nicht heimlich widerrufen. Sie müssen dies entweder gemeinschaftlich mit Ihrem Ehepartner tun oder – wenn er oder sie sich weigert – einseitig durch eine notarielle Widerrufserklärung, die dem unwilligen Partner per Gerichtsvollzieher zugestellt werden muss.

07

Nach dem Tod des Partners ist der Widerruf von wechselbezüglichen Verfügungen nicht mehr möglich. Man ist dann an das Testament gebunden, es sei denn, man schlägt das Erbe nach dem ersten Todesfall binnen sechs Wochen nach Eröffnung aus und errichtet eine neue letztwillige Verfügung.

> Sie können in Ihrem Testament bestimmen, dass der Überlebende frei oder jedenfalls nach bestimmten „Spielregeln" neu testieren können soll.

Bei Regelungen für den zweiten Todesfall stellt sich die Frage, ob der Erblasser seinem ersten Erben freie Verfügungsmacht über das geerbte Vermögen einräumen wollte oder ob ihm daran lag, das Vermögen dem zweiten Erben möglichst zu erhalten. Steht der Schutz des zweiten Erben im Vordergrund, spricht man von Vor- und Nacherbschaft (§§ 2100 ff. BGB). Der Vorerbe kann je nach Ausgestaltung gar nicht oder nur eingeschränkt über das geerbte Vermögen verfügen. Im Nacherbfall – meistens der Tod des Vorerben – fällt das Vermögen dem Nacherben an. Der Nacherbe beerbt dabei nicht den Vorerben, sondern den ursprünglichen Erblasser.

Heutzutage entscheiden sich die Erblasser meist für die Konstruktion der Voll- und Schlusserbschaft: Der erste Erbe, der

Vollerbe, bekommt den Nachlass zur freien Verfügung; er wird Teil seines eigenen Vermögens. Im zweiten Todesfall erhält der Schlusserbe seinen Teil vom Gesamtnachlass des Vollerben. Ist dieser verbraucht, geht er eben leer aus. Bei einem Berliner Testament nimmt der Gesetzgeber standardmäßig an, dass die Erblasser Voll- und Schlusserbschaft anordnen wollten (§ 2269 BGB).

ERBVERTRAG

Angenommen, Anna und Irini hätten sich nach Jahren des Zusammenlebens in einem Erbvertrag gegenseitig zu Erbinnen eingesetzt. Nach dem Tod der letzten von ihnen sollen Nathalie und etwaige weitere Kinder – leibliche wie adoptierte – die Letztverstorbene zu je gleichen Teilen beerben. Nathalie ist wütend, weil sie von Irinis Tod nichts hat und bis zum Tod der sehr rüstigen Anna warten muss. Da Anna gern Fernreisen macht, befürchtet sie, dass vom Erbe dann nichts mehr da sein wird. Sie bleibt der Beerdigung fern und bricht jeglichen Kontakt zu Anna ab. Anna ist sehr enttäuscht und errichtet beim Notar ein Testament, mit dem sie Nathalie enterbt und eine ihrer Nichten zur Alleinerbin bestimmt. Wer beerbt Anna?

Erbverträge können zwischen mehreren Erblassern geschlossen werden oder zwischen Erblassern und ihren Erben. Auch Paare, die nicht verheiratet oder verpartnert sind, können sich für einen Erbvertrag entscheiden, wenn sie ihre Erbfolge gemeinsam regeln wollen. Das gemeinschaftliche Testament steht ihnen nicht zur Verfügung, weil es Ehegatten und eingetragenen Lebenspartnern vorbehalten ist. Anders als ein Testament muss ein Erbvertrag zwingend in Anwesenheit aller Vertragsparteien notariell protokolliert werden. Einen eigenhändigen Erbvertrag gibt es nicht.

Bindungswirkung

Der Hauptunterschied zwischen einem gemeinschaftlichen Testament und einem Erbvertrag liegt in der Bindungswirkung: Während sich Ehepartner zu Lebzeiten des anderen von einem gemeinschaftlichen Testament noch ohne Weiteres durch empfangsbedürftige notarielle Erklärung lösen können, sind die Vertragspartner eines Erbvertrages grundsätzlich an ihre Erklärungen gebunden. Etwas anderes gilt nur dann, wenn sie sich einen Rücktritt ausdrücklich vorbehalten haben oder dem Vertragspartner schwere Verfehlungen vorzuwerfen sind. Ein Erbvertrag ist daher dann sinnvoll, wenn die Vertragsparteien Verfügungen über das Erbe treffen, die der Erblasser nicht einseitig ändern können soll. Für den Erben bedeutet dies eine erhöhte Planungssicherheit.

07

Anna könnte ihre Verfügung nur dann wirksam widerrufen, wenn sie durch den Erbvertrag nicht gebunden wäre. Gebunden wäre sie dann, wenn die Erbeinsetzung Nathalies durch sie eine vertragsmäßige Verfügung war.

Vertragsmäßige Verfügungen

Vertragsmäßig sind Verfügungen, die den Partner binden, also nicht einseitig frei widerruflich sein sollen. Ein Erbvertrag muss mindestens eine vertragsmäßige Verfügung enthalten. Eine letztwillige Verfügung ist aber nicht schon deshalb vertragsmäßig getroffen, weil sie in einem Erbvertrag steht. Es muss deshalb im Wege der Vertragsauslegung (§§ 133, 157 BGB) für jede Verfügung gesondert ermittelt werden, ob sie als bindend anzusehen ist. Wenden sich zwei Vertragspartner, wie Anna und Irini in unserem Beispiel, gegenseitig etwas zu, liegt die Annahme einer vertragsmäßigen Verfügung besonders nahe. Man geht schlicht davon aus, dass der andere einen nur deshalb einsetzt, weil man auch ihm etwas zuwendet. Auch soll eine Zuwendung an eine mit dem Vertragspartner verwandte oder diesem nahestehende Person in der Regel bindend und vertragsmäßig sein, vor allem, wenn ein Vertragsteil ein

Tipp

Erbverträge von nichtehelichen Lebensgefährten und Verlobten bleiben auch dann wirksam, wenn sich das Paar trennt. Denken Sie deshalb daran, gegebenenfalls Unwirksamkeitsklauseln für den Fall der Trennung in den Erbvertrag mit aufzunehmen. Für Ehe- und eingetragene Lebenspartner gilt etwas anderes: Bei ihnen erlischt ein errichteter Erbvertrag mit der Scheidung.

Interesse an der Bindung des Erblassers hatte. Zu Deutsch: Dass Irini ihre Tochter zur Erbin einsetzt, ist nicht ungewöhnlich und bedarf in der Regel keines besonderen Anreizes. Dass Anna Nathalie einsetzt, ist schon ungewöhnlicher, weil sie mit Nathalie nicht verwandt oder verschwägert ist. Tut sie es dennoch, wird unterstellt, dass sie entweder von Irini zur Erbin eingesetzt werden will oder dass sie zu Nathalie ebenfalls ein besonders enges Verhältnis hatte. Maßgeblich sind die Verhältnisse bei Vertragsschluss. Dass das Tischtuch zwischen Anna und Nathalie mittlerweile zerschnitten ist, tut daher nichts zur Sache. Nathalie ist Annas Erbin, Annas Nichte hat testamentarisch nichts zu bekommen.

DER PFLICHTTEILSANSPRUCH

Könnten im letzten Beispielsfall Nathalie oder Annas Nichte Pflichtteilsansprüche geltend machen?

Ein Erblasser ist nicht verpflichtet, seine Angehörigen im Erbfall zu bedenken, er ist in der Wahl seiner Erben grundsätzlich frei. Ein übergangener gesetzlicher Erbe, der zu den nächsten Angehörigen zählt, hat jedoch Anspruch auf eine Art Schadensersatz, der auf einen Teil des hinterlassenen Vermögens gerichtet ist, den sogenannten Pflichtteil (§ 2303 BGB).

Pflichtteilsberechtigte

Pflichtteilsberechtigt sind:

1. Abkömmlinge des Erblassers (leibliche Kinder, Adoptivkinder, nichteheliche Kinder),
2. der Ehegatte oder eingetragene Lebenspartner des Erblassers und
3. die Eltern des Erblassers, wenn keine Abkömmlinge vorhanden waren.

Weitere Pflichtteilsberechtigte sind gesetzlich nicht vorgesehen. Wenn Sie möchten, können Sie also Ihre Geschwister, Nichten, Neffen, Großeltern, Onkel und Tanten sanktionslos enterben. Für Annas Nichte bedeutet das: Sie ist zwar durch Irinis und Annas Erbvertrag von der gesetzlichen Erbfolge ausgeschlossen, hat aber keine Pflichtteilsansprüche. Sie geht mithin völlig leer aus. Nathalie ist mit Anna nicht verwandt oder verschwägert, hätte also nach ihr keine Pflichtteilsansprüche. Außerdem ist sie Annas Alleinerbin, wieso sollte sie also Pflichtteilsansprüche haben?

07

Nathalie hat zwar keine Pflichtteilsansprüche nach Anna, aber sehr wohl nach Irini. Sie ist zwar von beiden zur Erbin bestimmt worden, aber eben erst für den zweiten Todesfall. Für den ersten Todesfall haben sowohl Anna als auch Irini bestimmt, dass Nathalie nichts bekommen soll.

Wenn Sie jemanden nicht für den ersten Todesfall zum Erben einsetzen, sondern erst zum Schlusserben oder zum Nacherben im zweiten Todesfall, haben Sie ihn für den ersten Todesfall zwangsläufig enterbt! Wenn besagte Person zum Kreis der Pflichtteilsberechtigten gehört, kann sie ungeachtet ihrer späteren Erbeinsetzung nach dem Erstverstorbenen den Pflichtteil verlangen.

Nathalie hätte also nach Irinis Tod den Pflichtteil verlangen können. Damit hat sie ihr Erbe im zweiten Todesfall nicht etwa verwirkt, sondern kann es später ohne Weiteres noch verlangen. Anders wäre es, wenn Anna und Irini im Erbvertrag bestimmt hätten, dass die Geltendmachung des Pflichtteils im ersten Todesfall die Enterbung nach sich zieht („Pflichtteilsstrafklausel").

Der Pflichtteilsanspruch ist auf Zahlung von Geld aus dem Nachlass gerichtet. Verlangen kann der Pflichtteilsberechtigte seinen halben gesetzlichen Erbteil – genauer: die Hälfte des

Höhe des Pflichtteilsanspruchs

Wertes des gesetzlichen Erbteils im Moment des Erbfalls. Hätte Irini beispielsweise nach Abzug der Nachlassverbindlichkeiten einen Nachlass von 200.000 Euro gehabt, stünde Nathalie ein Pflichtteil von 50 % (100.000 Euro) zu. Ohne den Erbvertrag wäre sie nämlich als einziges Kind von Irini deren alleinige Erbin gewesen. Wären Anna und Irini verpartnert gewesen, hätten Nathalie und Anna Irini zu je 50 % beerbt. Nathalie hätte dann noch einen Pflichtteilsanspruch von 25 % des Nachlasses, also von 50.000 Euro.

Wertentwicklungen des Nachlasses nach dem Todestag bleiben außer Betracht. Bei der Wertberechnung des Nachlasses ist der Verkehrswert maßgebend, der nötigenfalls durch einen Sachverständigen zu schätzen ist. Von diesem Wert sind neben den Schulden des Erblassers die Bestattungskosten und die Kosten der Wertermittlung abzusetzen. Falls der Berechtigte ein notarielles Nachlassverzeichnis verlangt hat, auch diese Kosten.

Auf den Pflichtteilsanspruch sind frühere Zuwendungen des Erblassers an den Berechtigten anzurechnen, wenn der Erblasser das im Moment der Zuwendung bestimmt hat (Anrechnungsbestimmung). Wurde dies vergessen, kann man es hinterher nicht mehr nachholen!

Ein Pflichtteilsberechtigter kann zu Lebzeiten notariell oder nach dem Tod des Erblassers durch einfache Erklärung auf seinen Pflichtteil verzichten.

Pflichtteilsentziehung

Den Pflichtteilsanspruch kann man in der Regel nicht ausschließen, eine Pflichtteilsentziehung ist nur möglich, wenn der Berechtigte sich sehr schwerer Vergehen oder gar Verbrechen strafbar gemacht hat (§ 2333 BGB). Ist der Pflichtteilsberechtigte überschuldet oder hat er erhebliche Geldmittel verschwendet, ist eine „Pflichtteilsbeschränkung in guter Absicht" denkbar (§ 2338 BGB). Die Hürden für Pflichtteilsentziehung und -beschränkung sind sehr hoch. In den allermeisten Fällen bleibt einem Erblasser nur, auf Nummer sicher zu gehen und den Nachlass zu Lebzeiten zulasten des Pflichtteilsberechtigten zu reduzieren.

07

Hat der Erblasser jemandem innerhalb der letzten zehn Jahre vor seinem Tod erhebliche Vermögenswerte geschenkt, werden diese dem Nachlass bei der Berechnung der Pflichtteilsansprüche hinzugerechnet. Diesen Anspruch nennt man Pflichtteilsergänzungsanspruch. Der hinzuzurechnende Wert sinkt Jahr für Jahr, nachdem die Schenkung erfüllt ist, um 10 % (Abschmelzung). Es kann sich also auch dann lohnen, zu Lebzeiten Schenkungen vorzunehmen, wenn man bis zum Erbfall keine zehn Jahre mehr lebt. Für Nathalie bedeutet das: Sie kann möglicherweise sogar einen höheren Pflichtteil erhalten, wenn sie erfährt und nachweisen kann, dass Irini Anna Geld zugewandt hat, zum Beispiel für den Erwerb ihrer Eigentumswohnung (siehe dazu das Beispiel auf S. 154).

Pflichtteilsergänzungsanspruch

Die Zehnjahresgrenze gilt nicht bei Schenkungen an den Ehegatten oder wenn der Erblasser sich zu viele Rechte (zum Beispiel ein Nießbrauchsrecht) am Geschenk vorbehalten hat. Bei Schenkungen an den Ehegatten beginnt die Zehnjahresgrenze erst mit der Auflösung der Ehe, etwa durch Scheidung oder den Tod des Ehegatten, zu laufen, im letzten Fall aus Sicht des Ergänzungsberechtigten also gar nicht.

Auf Pflichtteilsergänzungsansprüche sind alle Zuwendungen anzurechnen, die der Berechtigte vom Erblasser erhalten hat. Ob der Erblasser im Zeitpunkt der Zuwendung an eine Anrechnungsbestimmung gedacht hat oder nicht, spielt keine Rolle. Pflichtteilsergänzungsansprüche richten sich grundsätzlich gegen den Erben, bei „dürftigem" (= zu geringem) Nachlass gegen den Beschenkten selbst.

Pflichtteilsansprüche macht man gegen den Nachlass geltend, nicht bei demjenigen, der die Schenkung erhalten hat. An diesen wendet man sich nur, wenn der Nachlass zu gering ist, um die Ergänzungsansprüche zu erfüllen.

Verjährung

Pflichtteilsansprüche verjähren binnen drei Jahren nach dem Ende des Jahres, in dem der Erblasser verstorben ist. Die Frist beginnt mit Kenntnis der Verfügung, aus der sich der Anspruch ergibt (zum Beispiel des enterbenden Testaments). Das gilt auch für Pflichtteilsergänzungsansprüche. Diese verfallen womöglich sogar später, nämlich frühestens binnen drei Jahren, nachdem der Pflichtteilsberechtigte von der Schenkung erfahren hat. Wird ihm also erst ein Jahr nach dem Erbfall mitgeteilt, dass es ein Geschenk gab, kann er seinen Ergänzungspflichtteil auch noch im vierten Jahr nach dem Erbfall verlangen.

Vorsicht

Richten Sie Ihren Anspruch nicht gegen den Nachlass, sondern gegen einen Beschenkten, verjährt dieser Anspruch auf jeden Fall binnen drei Jahren ab dem Todesfall. Ob Sie von der Schenkung wussten oder nicht, spielt hier keine Rolle.

DER NACHWEIS DER ERBENSTELLUNG

Sind Sie Erbe geworden, nimmt man Ihnen dies im Rechtsverkehr nicht ohne Weiteres ab. Sie müssen Ihre Erbenstellung glaubhaft machen können. Hierzu dient der sogenannte Erbschein. Dieser ist nur entbehrlich, wenn Sie in einem notariellen Testament oder Erbvertrag zum Erben bestimmt wurden, denn in beiden Fällen handelt es sich um öffentliche Urkunden. Als Nachweis der Erbenstellung dienen diese allerdings nur dann, wenn sie hinreichend klar abgefasst und vom Nachlassgericht offiziell eröffnet wurden. Wenn die Urkunde auslegungsbedürftig ist oder Sie nur Erbe geworden sind, weil andere in der Urkunde benannte Personen vorverstorben sind oder das Erbe ausgeschlagen haben, wird dennoch ein Erbscheinsantrag erforderlich sein.

Den Erbscheinsantrag müssen Sie öffentlich beurkunden lassen und beim Nachlassgericht am Wohnsitz des Erblassers stellen. Sie können den Antrag zu Protokoll eines Rechtspflegers am Nachlassgericht selbst stellen oder einen Notar Ihrer Wahl mit der Protokollierung beauftragen. Falls Sie direkt zum Nachlassgericht gehen, sollten Sie einen Termin vereinbaren, um lange Wartezeiten zu vermeiden und vorab fragen, welche Unterlagen benötigt werden. Sie müssen beim Antrag Nachweise vorlegen, aus denen sich Ihre Erbenstellung ergibt, insbesondere Geburts-, Heirats- und Sterbeurkunden. Das erledigt das Nachlassgericht nicht für Sie. Außerdem müssen Sie an Eides statt versichern, dass Sie Ihre Angaben nach bestem Wissen und Gewissen machen.

07

Sind Sie aufgrund eines Testaments Erbe geworden, müssen Sie das Testament unverzüglich beim Nachlassgericht abgeben, damit es eröffnet werden kann. Hat der Erblasser das Testament beim Nachlassgericht seines Wohnorts hinterlegt – bei notariellen Urkunden besorgt das der Notar von sich aus – wird das Gericht automatisch nach dem Tod das Testament eröffnen und den Personen übersenden, die es angeht. Wollen Sie das Testament aus der Verwahrung nehmen und vernichten oder es doch wieder zu Hause aufbewahren, müssen Sie dem Gericht Ihren Hinterlegungsschein vorlegen.

Nehmen Sie ein notarielles Testament aus der amtlichen Verwahrung, gilt das bereits als Widerruf des Testaments. Ein handschriftliches Testament, das Sie aus der Verwahrung nehmen, bleibt dagegen gültig, bis Sie es vernichten oder durch ein neues Testament widerrufen.

Sie sollten Ihre Testamente nicht zu Hause aufbewahren. Eine Hinterlegung beim Nachlassgericht kostet zwar eine geringe Gebühr, Sie können sich aber sicher sein, dass das Testament im Fall Ihres Todes auch eröffnet wird. Nicht selten gehen Testamente bei Bränden oder Wasserschäden verloren, geraten in Vergessenheit oder verschwinden auf unerklärliche Weise, wenn sich jemand von Ihnen benachteiligt fühlt.

Nachdem Nathalie sie vor die Tür gesetzt hat, erinnert sich Anna an ein Gespräch mit Irini. Diese hatte ihr gesagt, sie habe alles aufgeschrieben, alles sei gut, das Testament sei im Bankschließfach. Anna geht zur Bank. Dort erklärt ihr ein Mitarbeiter, dass er sie leider mangels Vollmacht oder Erbnachweises nicht ans Schließfach lassen dürfe.

Das Testament im Bankschließfach

Im ersten Moment scheint es eine gute Idee zu sein, sein Testament zusammen mit anderen wichtigen Urkunden sicher in seinem Bankschließfach aufzubewahren. An das Schließfach kommen nach dem Tod des Inhabers aber nur ausdrücklich Bevollmächtigte oder dessen Erben. Diese müssen ihre Erbenstellung mit einem Erbschein oder einem notariellen Testament oder einem Erbvertrag nachweisen. Ohne Legitimation wird die Bank ihnen zu Recht den Zugriff auf das Schließfach verweigern.

Tipp

Auf gar keinen Fall sollten Sie das Testament an einer Stelle aufbewahren, die für den oder die Erben nicht ohne Weiteres zugänglich ist, etwa im Tresor oder gar einem Bankschließfach.

Anna kann derzeit noch nicht belegen, dass sie Erbin ist, weil sie kein Testament vorweisen kann. Nathalie hingegen könnte sich ohne Weiteres als Irinis Tochter ausweisen und einen Erbschein beim Nachlassgericht beantragen. Um Nathalies Zugriff auf das Schließfach zu verhindern, hat Anna nur die Möglichkeit, beim Nachlassgericht eine sogenannte Nachlasspflegschaft zu beantragen. Kann sie glaubhaft machen, dass sich im Schließfach ein Testament befinden könnte, wird das Nachlassgericht Nathalie nicht sofort den Erbschein erteilen, sondern einen Nachlasspfleger einsetzen. Dieser hat die Aufgabe, das Schließfach zu öffnen und festzustellen, ob sich darin ein Testament befindet. Bis all das geklärt ist, können viele Monate ins Land gehen.

Anna muss hoffen, dass Nathalie nicht über eine Schließfach-
vollmacht oder gar einen Schlüssel verfügt. Ansonsten könnte
Nathalie – neben anderen Wertsachen – das Testament verschwinden lassen. Sie würde sich zwar der Urkundenunter-
drückung strafbar machen (§ 274 StGB), ihr dies nachzuweisen, wird in der Regel aber kaum möglich sein.

07

ERBSCHAFTSSTEUER

Irini vererbt Anna nach Abzug aller Nachlassverbindlichkeiten
200.000 Euro. Wie viel Erbschaftssteuer müsste Anna bezahlen, je nachdem ob sie mit Irini verpartnert war oder nicht?

Erben, Vermächtnisnehmer und Pflichtteilsberechtigte müssen das Vermögen, das sie von Todes wegen erwerben, versteuern. Die Höhe der Erbschaftssteuer hängt von drei Fak-
toren ab: der Höhe des Erwerbs, dem Zeitpunkt des Erwerbs
und dem verwandtschaftlichen und familiären Näheverhältnis
zum Erblasser. Letzteres wirkt sich darauf aus, in welche der
drei erbschaftssteuerlichen Steuerklassen der Erwerber fällt.
Der Steuersatz richtet sich dann zum einen nach der Steuerklasse, zum anderen nach der Höhe des zu versteuernden
Vermögens.

Die Steuerklassen sind in § 15 ErbStG geregelt. Vereinfacht
gesagt gilt für die nächsten Familienangehörigen Steuerklasse I, für entferntere Verwandte Steuerklasse II und für alle
sonstigen Personen Steuerklasse III. Ehegatten und eingetragene Lebenspartner fallen unter die Steuerklasse I. Nicht
eingetragene Lebenspartner, Lebensgefährten und Verlobte
werden hingegen nach Steuerklasse III besteuert.

Steuerklassen

Im Einzelnen:

Steuerklasse I:
1. der Ehegatte und der Lebenspartner,
2. die Kinder und Stiefkinder,
3. die Abkömmlinge der in Nummer 2 genannten Kinder und Stiefkinder,
4. die Eltern und Voreltern bei Erwerben von Todes wegen;

Steuerklasse II:
1. die Eltern und Voreltern, soweit sie nicht zur Steuerklasse I gehören,
2. die Geschwister,
3. die Abkömmlinge ersten Grades von Geschwistern,
4. die Stiefeltern,
5. die Schwiegerkinder,
6. die Schwiegereltern,
7. der geschiedene Ehegatte und der Lebenspartner einer aufgehobenen Lebenspartnerschaft;

Steuerklasse III:
alle übrigen Erwerber.

Steuerfreibeträge

Zu versteuern ist lediglich der Erwerb oberhalb bestimmter Freibeträge (§ 16 ErbStG). Diese sind umso höher, je näher der Erwerber dem Erblasser in familiärer Hinsicht stand:

Freibeträge für

1. Ehegatten und Lebenspartner: 500.000 Euro;
2. Kinder im Sinne der Steuerklasse I Nr. 2 und Kinder verstorbener Kinder im Sinne der Steuerklasse I Nr. 2: 400.000 Euro;
3. Kinder der Kinder im Sinne der Steuerklasse I Nr. 2: 200.000 Euro;
4. übrige Personen der Steuerklasse I: 100.000 Euro;

5. Personen der Steuerklasse II: 20.000 Euro;
6. Personen der Steuerklasse III: 20.000 Euro.

Diese Steuerfreibeträge können Sie alle zehn Jahre neu ausnutzen. Es kann bei hohen Vermögen daher sinnvoll sein, Werte im Wege der vorweggenommenen Erbfolge schon zu Lebzeiten zu übertragen. Auch Schenkungen unterliegen der Steuerpflicht. Sämtliche Erwerbe aus Schenkungen und Erbschaften werden innerhalb eines Zehnjahreszeitraums addiert und einheitlich besteuert. Haben Sie Ihren beiden Kindern beispielsweise im Jahr 2010 jeweils 400.000 Euro geschenkt und sterben Sie im Jahr 2022, können Sie von Todes wegen jedem Kind nochmals 400.000 Euro zuwenden, ohne dass Ihre Kinder einen Cent Erbschafts- oder Schenkungssteuer zahlen müssen.

Die Erbschaftssteuer wird gemäß § 19 ErbStG nach folgenden Prozentsätzen erhoben:

Steuersätze

Wert des steuerpflichtigen Erwerbs (§ 10) bis einschließlich … Euro	Prozentsatz in der Steuerklasse		
	I	II	III
75.000	7	15	30
300.000	11	20	30
600.000	15	25	30
6.000.000	19	30	30
13.000.000	23	35	50
26.000.000	27	40	50
über 26.000.000	30	43	50

Anna fällt in die Steuerklasse III, wenn sie mit Irini bei deren Tod nicht verpartnert war, ab der Eintragung ihrer Lebenspartnerschaft sodann in die Steuerklasse I. Als eingetragene Lebenspartnerin steht ihr ein Freibetrag in Höhe von 500.000 Euro zu. In diesem Fall muss sie keine Erbschaftssteuer zahlen. Ohne Trauschein betrüge ihr Freibetrag hingegen nur 20.000 Euro, der steuerpflichtige Nachlass mithin 180.000 Euro. Hierauf müsste sie 30 % Erbschaftssteuer zahlen, also 54.000 Euro! Macht Nathalie Pflichtteilsansprüche geltend (100.000 Euro, siehe oben), bleiben Anna nur noch 100.000 Euro, von denen sie nach Abzug des Freibetrages 80.000 Euro versteuern muss. Sie müsste dann an das Finanzamt immer noch 24.000 Euro zahlen.

Erbschaftssteuererklärung

In der Praxis werden viele Erben vom Erbschaftssteuerfinanzamt nie etwas hören. Das Finanzamt erhält von den Banken, bei denen der Erblasser Konten geführt hat, eine Information über die Guthaben zum Todeszeitpunkt. Ferner wird der Wert etwaigen Immobilienvermögens grob anhand von Tabellen ermittelt. Ist ersichtlich, dass sich der Wert des Nachlasses deutlich unterhalb der Freibeträge bewegt, sieht das Finanzamt häufig davon ab, überhaupt eine Erbschaftssteuererklärung einzufordern. Ihnen steht es natürlich frei, diese von sich aus einzureichen.

Fordert das Finanzamt eine Steuererklärung, müssen Sie diese meist binnen einem Monat abgeben. Erhalten Sie einen Steuerbescheid und wird dieser bestandskräftig, ist eine Stundung der Forderung oder eine Ratenzahlung nach denselben Kriterien möglich wie bei der Einkommensteuererklärung.

Ändert sich der Wert der Erbschaft nach Bestandskraft des Steuerbescheids, weil neue Nachlassgegenstände oder neue Nachlassverbindlichkeiten bekannt werden, können Sie als Steuerschuldner eine Neufestsetzung der Steuer verlangen und sodann überzahlte Steuern zurückfordern. Zahlt Anna also auf Anforderung des Finanzamts 54.000 Euro Steuern und macht Nathalie erst danach ihre Pflichtteilsansprüche geltend, kann Anna sich die zu viel gezahlten Erbschaftssteuern (30.000 Euro) vom Finanzamt zurückholen. Das Finanzamt kann theoretisch auch von sich aus eine Neufestsetzung vornehmen.

Um die Höhe des Nachlasses beziffern zu können, sieht das Bewertungsgesetz (BewG) verschiedene Bewertungsmethoden vor. Aktien zum Beispiel werden nach dem Kurswert besteuert, während bei Bargeld der Nennwert maßgeblich ist. Für Grundbesitz ermittelt das Finanzamt den sogenannten Grundbesitzwert. Auf Bewertungsdetails gehe ich im Rahmen dieses Buches nicht ein. Die Materie ist komplex. Die Wertberechnung ist Sache Ihres Anwalts, der mit Ihnen eine möglichst steuergünstige Möglichkeit der Wertübertragung unter Lebenden oder von Todes wegen erarbeiten muss.

Wert des Nachlasses 07

Sie können den Wert jeder Immobilie auch durch Schätzungsurkunde oder Sachverständigengutachten ermitteln lassen. Das Ergebnis bildet dann den sogenannten gemeinen Wert (oder: Verkehrswert) ab, der der Besteuerung zugrunde zu legen ist. Jedenfalls Sachverständigengutachten werden regelmäßig durch das Finanzamt anerkannt, häufig werden aber auch Schätzungsurkunden akzeptiert.

STICHWORTVERZEICHNIS

IMPRESSUM

Herausgeber
Verbraucherzentrale Nordrhein-Westfalen e. V.
Mintropstraße 27, 40215 Düsseldorf
Telefon: 02 11/38 09-5 55
Telefax: 02 11/38 09-2 35
Internet: www.vz-nrw.de
E-Mail: ratgeber@vz-nrw.de

Autor:	Martin Wahlers
Herausgeber:	Dr. Frank Bräutigam
Fachliche Mitwirkung:	Elke Weidenbach
Koordination:	Wolfgang Starke
Lektorat:	Nicola Pridik, Berlin, www.npridik.de
Produktion:	bretzinger : media.production, Baden-Baden
Satz:	typografie & layout, Evelyn Haller, Gaggenau
Gestaltungskonzept:	Ute Lübbeke, Köln, www.LNT-design.de
Umschlaggestaltung:	Ute Lübbeke, Köln, www.LNT-design.de
Umschlagfoto:	©plainpicture/Folio Images, Katja Kristoferson
Druck/Bindung:	Kraft Druck GmbH, Ettlingen
	Gedruckt auf 100 Prozent Recyclingpapier

Redaktionsschluss: 31. Januar 2015